essentials

essentials liefern aktuelles Wissen in konzentrierter Form. Die Essenz dessen, worauf es als „State-of-the-Art" in der gegenwärtigen Fachdiskussion oder in der Praxis ankommt. *essentials* informieren schnell, unkompliziert und verständlich

- als Einführung in ein aktuelles Thema aus Ihrem Fachgebiet
- als Einstieg in ein für Sie noch unbekanntes Themenfeld
- als Einblick, um zum Thema mitreden zu können

Die Bücher in elektronischer und gedruckter Form bringen das Fachwissen von Springerautor*innen kompakt zur Darstellung. Sie sind besonders für die Nutzung als eBook auf Tablet-PCs, eBook-Readern und Smartphones geeignet. *essentials* sind Wissensbausteine aus den Wirtschafts-, Sozial- und Geisteswissenschaften, aus Technik und Naturwissenschaften sowie aus Medizin, Psychologie und Gesundheitsberufen. Von renommierten Autor*innen aller Springer-Verlagsmarken.

Sonja Ulrike Klug

Corporate Books

Hochwertige Instrumente der
Unternehmenskommunikation

2., überarbeitete und aktualisierte Auflage

 Springer Gabler

Sonja Ulrike Klug
The Expert in Publishing Books ®
Bad Honnef, Deutschland

ISSN 2197-6708   ISSN 2197-6716   (electronic)
essentials
ISBN 978-3-658-42982-9   ISBN 978-3-658-42983-6   (eBook)
https://doi.org/10.1007/978-3-658-42983-6

Die Deutsche Nationalbibliothek verzeichnet diese Publikation in der Deutschen Nationalbibliografie; detaillierte bibliografische Daten sind im Internet über http://dnb.d-nb.de abrufbar.

Planung/Lektorat: Irene Buttkus
Springer Gabler ist ein Imprint der eingetragenen Gesellschaft Springer Fachmedien Wiesbaden GmbH und ist ein Teil von Springer Nature.
Die Anschrift der Gesellschaft ist: Abraham-Lincoln-Str. 46, 65189 Wiesbaden, Germany

Das Papier dieses Produkts ist recyclebar.

Was Sie in diesem *essential* finden können

In diesem Leitfaden erfahren Sie,

- wie Sie Ihr Buchprojekt erfolgreich aufsetzen und durchführen,
- wie Sie Ihr Projekt von Anfang an strategisch richtig planen (oder von Profis planen lassen),
- in welche Arbeitsphasen sich ein Buchprojekt gliedert und wie Sie es professionell steuern,
- mit welchen Mitteln Sie Leser anziehen und begeistern,
- wie Sie Ihren Plan in die Tat umsetzen und Ihr Buch schreiben sowie produzieren (lassen),
- wie Sie Ihr Buch nach der Veröffentlichung gekonnt vermarkten.

Inhaltsverzeichnis

Über die Autorin

Dr. phil. Sonja Ulrike Klug, zertifizierte Strategieberaterin (IHK), zertifizierte Online-Marketing-Managerin (eMBIS) sowie zertifizierte Suchmaschinen-Expertin (DIM), ist seit über 30 Jahren als Unternehmenspublizistin und Publikationsmanagerin von Unternehmensbüchern mit ihrer Agentur *The Expert in Publishing Books*® tätig.

Dr. Klug hat mehr als 200 Buchprojekte im Auftrag von Selbstständigen und Unternehmen aus unterschiedlichen Branchen und mit verschiedenen Themen betreut: Von Sachbüchern über Jubiläumschroniken bis zu anspruchsvollen Fachbüchern ist alles darunter. Viele der mit ihrer Hilfe publizierten Bücher wurden zu Longsellern, die sich Jahrzehnte lang auf dem Markt behaupten, etliche auch zu Bestsellern. Zu ihrem Fullservice gehören die Entwicklung von überzeugenden Buchkonzepten, die Vermittlung an renommierte Verlage, die strukturierte Text- und Bildredaktion der Manuskripte sowie Presse- und Öffentlichkeitsarbeit für Buch und Autor.

Die Presse berichtete vielfach über ihre Arbeit und bezeichnet sie als „die profilierteste Expertin für Unternehmensbücher im deutschsprachigen Raum" (ip-Mittelstand 2011), als „Pionierin des Corporate Publishing" (Rupp, Strategie Report 2010) und als „eine der führenden Spezialistinnen in Sachen Corporate Books" (Rupp, Strategie-Journal 2010).

Dr. Klug ist selbst Autorin von 24 Büchern und über 150 Fachartikeln zu Themen der Unternehmenskommunikation, der Wirtschafts- und Kulturgeschichte, darunter: „Konzepte ausarbeiten. Tools und Techniken für Pläne, Berichte, Bücher und Projekte" (Göttingen, 9. Aufl. 2020), „Unternehmen von der schönsten Seite. Corporate Books für PR und Marketing" (München 2010) und „Wirkungsvolle Online-PR. Mehr Sichtbarkeit und höhere Reichweite für Ihre Angebote im Internet" (Bad Honnef 2022).

Website: https://www.buchbetreuung-klug.com
Kontakt: info@buchbetreuung-klug.com

Corporate Books funktionieren anders als Werbung

In der Unternehmenskommunikation hat sich in den letzten 15 Jahren ein Wandel vollzogen: Firmen verzichten immer mehr auf Werbung mit oberflächlichen „Kauf-mich"-Botschaften und bevorzugen stattdessen Medienprodukte, die Geschäftspartnern und Kunden nützliche Informationen bieten und daher nicht nur glaubwürdiger, sondern auch wirkungsvoller sind. Die Verbreitung nutzwertiger Informationen unter Einsatz verschiedener Medien bezeichnet man als „Corporate Publishing" (CP), zum Teil im Internet auch als „Content-Marketing". Charakteristisch für Content-Medien – wie Kundenmagazine, Social Media und auch Bücher – ist im Unterschied zu werblichen Medien die *redaktionelle Prägung*. Das heißt: Fundierte, gut aufbereitete Inhalte in hoher journalistischer oder schriftstellerischer Qualität bilden die Basis.

Während die klassische Werbung nach dem Druck- oder Push-Prinzip funktioniert – Empfänger werden ungefragt und ungebeten mit Print- oder Online-Reklame „belästigt" –, haben Content-Medien einen Sog- oder Pull-Charakter: Die Empfänger werden angezogen von Informationen, die ihnen nützen und die sie darum oft auch selbst aktiv suchen und nachfragen. Mittels Content-Marketing pflegen Unternehmen den Kontakt zu unterschiedlichen Bezugsgruppen, wie z. B. Kunden, Interessenten, Geschäftspartnern, Aktionären oder Mitarbeitern.

Eine herausragende Stellung unter den Corporate-Publishing-Medien hat das *Corporate Book,* das Unternehmensbuch (im Angloamerikanischen als *Branded Book* bezeichnet). Bücher werden von Unternehmen sehr viel seltener publiziert als andere Medien, haben aber dafür den Charakter des

© Der/die Autor(en), exklusiv lizenziert an Springer Fachmedien Wiesbaden GmbH, ein Teil von Springer Nature 2023
S. L. Klug, *Corporate Books*, essentials,
https://doi.org/10.1007/978-3-658-42983-6_1

Außergewöhnlichen und Exklusiven. Sie werden von Lesern als etwas Einmaliges und Besonderes wahrgenommen. Corporate Books gehören zur Königsklasse der Unternehmenskommunikation, schaffen Öffentlichkeit, dienen als langfristig wirksamer Sympathieträger für ein Unternehmen, eine Marke oder ein Produkt und sind oftmals auch das Zugpferd für eine PR-Kampagne.

Weil Corporate Books seltener eingesetzt werden als andere Medien, fehlt es Unternehmen häufig an Publikationserfahrung und -Know-how. Das gilt ebenso für PR-Agenturen und andere, die nicht auf Unternehmensbücher spezialisiert sind. Oftmals ist die Realisierung von Buchprojekten von illusorischen Vorstellungen begleitet. Weit verbreitet ist z. B. die Ansicht, ein Buchvorhaben ließe sich neben dem Tagesgeschäft innerhalb weniger Monate mühelos umsetzen, und das oft sogar „im Alleingang" ohne Hilfe von Profis. Doch Buchprojekte, die mit unrealistischen Vorstellungen begonnen werden, erleiden häufig Schiffbruch.

Ein Unternehmensbuch herauszugeben erfordert strategische Planung, ein angemessenes Budget, eine sorgfältige Konzeption, ein realistisches Zeitmanagement, gekonnte Umsetzung und eine gelungene Vermarktung – mit einem Wort: Publikations-Know-how. Dieses *essential* führt Sie Schritt für Schritt durch alle Phasen Ihres Buchprojektes und zeigt Ihnen, worauf es im Wesentlichen ankommt, damit Ihr Buch zum Erfolg wird.

Es gibt viele Gründe und Anlässe, warum Unternehmen eigene Bücher publizieren. In diesem *essential* werden die beiden gängigsten Publikationsschienen vorgestellt:

- Mittelständische und große **(Industrie)-Unternehmen** publizieren meist anlässlich eines Jubiläums oder eines anderen herausragenden Events ein Buch (Kap. 2).
- Kleine und mittelständische **Dienstleistungsunternehmen, Selbstständige und Solopreneure** – z. B. Unternehmensberatungen, Trainings- und Marktforschungsinstitute, IT-Unternehmen, Agenturen, aber auch Speaker, Finanz- und Immobilienexperten, Ärzte und Ingenieure – bringen Bücher heraus, in denen sie Expertenwissen in Form von Problemlösungen für bestimmte Zielgruppen aufbereiten (Kap. 3).

Je nachdem, zu welcher Gruppe Ihr Unternehmen gehört, ist für Sie entweder Kap. 2 oder 3 relevant. Die Kap. 4 bis 5 richten sich sowohl an

Industrie-Unternehmen als auch an Dienstleister und führen durch die Phasen der strategischen Planung und der Umsetzung bis zur Vermarktung des Buches.

Industrie-Unternehmen publizieren ihre Geschichte(n)

2

2.1 History-Marketing: Geschichte wird lebendig

History hat Hochkonjunktur – so könnte man den seit rund 20 Jahren anhaltenden Trend des Interesses an Geschichte in allen Facetten auf einen Nenner bringen. Eine breite Öffentlichkeit begeistert sich für historische Themen, die vielerorts zu attraktiven und neuartigen Produkten aufbereitet werden: zu Filmen, Events, Reisen, Ausstellungen und auch zu Büchern. Spannende TV-Filme wie die Lebensgeschichte der Unternehmerin Margarete Steiff oder die Geschichte von Krupp – beide in Romanform präsentiert – erreichen im Fernsehen und auf Video ein Millionenpublikum. Und die Besucherzahlen von Unternehmensmuseen, die auf interessante Art die Unternehmens- oder Produktgeschichte veranschaulichen, sind inzwischen höher als die staatlicher Museen.

Von diesem Trend profitiert auch das Jubiläumsbuch. In den 1980er- und 1990er-Jahren war diese Art der Unternehmensliteratur „megaout", galt sie doch als hausbacken, langweilig und bieder. Doch mittlerweile entdecken immer mehr Unternehmen ihre eigene Geschichte und publizieren sie längst nicht mehr nur als klassische Festschrift, sondern auch in ganz anderen, neuen und manchmal ungewöhnlichen und spannend zu lesenden Formaten, z. B. als Roman oder als Reiseführer. Etliche Firmen warten auch nicht mehr das nächste „runde" Jubiläum ab, sondern veröffentlichen absichtlich zu „unrunden" Festen, wie dem 10., dem 17. oder dem 111. Geburtstag.

Die Fachbegriffe für den gezielten Einsatz der eigenen Geschichte in der Unternehmenskommunikation nach innen wie nach außen heißen *History-Marketing* und *Heritage-Communication*. Während History-Marketing auf die Vermarktung von Historischem ausgerichtet ist, steht Heritage-Communication für eine offene Kommunikation über die Werte, die Tradition und die Philosophie einer Organisation oder eines Unternehmens.

> Die Geschichte jedes Unternehmens ist einzigartig und individuell. Im Unterschied zu Produkten und Techniken kann sie nicht kopiert werden und verleiht dem Unternehmen ein Alleinstellungsmerkmal, einen USP, oder besser gesagt: einen UCP, eine *Unique Communication Proposition*. Geschichte eignet sich somit bestens dafür, ein glaubwürdiges Image zu vermitteln, auch eine Identifikation mit einem Unternehmen und seinen Produkten herzustellen.

2.2   Vier verschiedene Genres kommen infrage

„Jede Art zu schreiben ist erlaubt, nur nicht die langweilige", bemerkte bereits Voltaire. Eine „klassische" Firmenfestschrift, die mit oft langweiligen Texten eine Art „trockener Faktenbericht in chronologischer Reihenfolge" ist, schöpft die Möglichkeiten, die das Medium Buch bietet, nicht einmal ansatzweise aus. Abgesehen davon spricht sie Leser nicht an und verfehlt damit ihr wichtigstes Kommunikationsziel. Die Festschrift sollte herausragend und attraktiv gestaltet sein. Nur so erhält sie – und damit Ihr Unternehmen – die gewünschte Aufmerksamkeit.

„Das" Jubiläumsbuch gibt es nicht. Überlegen Sie genau, welche Ziele und welches Lesepublikum Sie erreichen wollen. Entscheiden Sie sich anschließend klar für eines der vier möglichen Genres, anstatt eine verwaschene „Genremixtur" zu produzieren, die letztlich keine Zielgruppe wirklich anspricht.

Die dokumentarische Chronik
Die dokumentarische Chronik will die Geschichte des Unternehmens in Wort und Bild systematisch und häufig vollständig bewahren. Oftmals werden dabei Text-und Bilddokumente aus dem Unternehmensarchiv zu einem Werk kompiliert. Die Leserinteressen sind für eine Chronik nachrangig, und auch die stilistische Gestaltung des Textes steht gegenüber „Zahlen, Daten, Fakten" eher im Hintergrund. Chroniken haben den Charakter von Nachschlagewerken und müssen eher historisch korrekt und vollständig als lesergerecht dargeboten sein. Dementsprechend eignen sie sich weniger für den Einsatz als PR-Instrument und richten sich nur an ein sehr kleines Lesepublikum.

Haniel

Im unternehmenstypischen Dunkelgrün hat Haniel eine aufwendige Chronik über seine 250-jährige Geschichte publiziert. Jedem Jahr ist dabei etwa eine Druckseite mit kurzen sachlichen Texten gewidmet, aufgelockert durch historische Karten, Gemälde und Fotos. Das ansprechende Layout lädt zum Blättern in der 533-seitigen Chronik ein (vgl. Weber-Brosamer 2006).◄

Das informative, unterhaltsame Sachbuch

Viele Möglichkeiten bietet das Sachbuch, in dem die journalistisch gekonnte und teilweise erzählerische Darbietung im Vordergrund steht: Berichte über historische Fakten wechseln sich ab mit Interviews, amüsanten Anekdoten und spannenden Geschichten aus der Historie sowie lesenswerten Auszügen aus der Kunden- oder Mitarbeiterzeitschrift; historische Fotos dienen der Veranschaulichung und erwecken die Geschichte zum Leben. Mitarbeiter können ebenso wie Kunden und Geschäftspartner zu Wort kommen.

Sachbücher sind auf die Interessen eines breiten Lesepublikums (BtoB wie auch BtoC) zugeschnitten und eignen sich optimal für Kommunikationskampagnen während des Jubiläumsjahres wie auch danach, dienen oftmals auch zur Information der Presse und können teilweise sogar vom Unternehmen selbst verkauft werden, z. B. in Unternehmensmuseen und über die eigene Website. Bei entsprechender Aufmachung besteht zudem die Möglichkeit, das Buch statt als Eigenproduktion in einem renommierten Verlag zu publizieren, womit der Buchhandel als weiterer Vertriebskanal offensteht.

Schott

Zum 125-jährigen Jubiläum hat die Schott AG ihre Geschichte im Verlag MairDumont im Stil eines Baedeker-Reiseführers publiziert. 125 Reiseziele auf der ganzen Welt zeigen, wo überall die Spezialgläser des Unternehmens zum Einsatz kommen (https://shorturl.at/uxX38). Der Reiseführer, der an Geschäftspartner verschenkt und außerdem auf der Website des Unternehmens sowie im Schott Glasmuseum Jena für 12,50 EUR verkauft wird, hat aufgrund seiner originellen und leserfreundlichen Aufmachung inzwischen eine ganze Reihe von PR-Preisen gewonnen (vgl. Schott 2009).◄

Die wissenschaftliche Chronik, das Fachbuch

In der wissenschaftlichen Chronik wird meist ein bestimmter Teil der Geschichte – oftmals die kritische Zeit des Nationalsozialismus – von Historikern in sachlicher und neutraler Form aufgearbeitet und zu einem Fachbuch verarbeitet. Chroniken dieser Art wenden sich an ein kleines, erlesenes Fachpublikum, nicht an die breite Öffentlichkeit. Sie dienen dazu, unbekannte oder vermutete Fakten offenzulegen, anstatt sie schönzufärben oder zu vertuschen, und damit die Glaubwürdigkeit des Unternehmens wiederherzustellen. Wissenschaftliche Darstellungen gewinnen durch Authentizität, Ehrlichkeit, Offenheit und Neutralität; sie sind ein Beispiel für *Heritage-Communication.*

Aufarbeitung der nationalsozialistischen Zeit

Industrie-Unternehmen wie z. B. Thyssen, MAN, Deutsche Bank und Allianz haben ihre Geschichte im Dritten Reich von Historikern erforschen und publizieren lassen. Die Deutsche Bank setzte dafür eigens eine Historikerkommission ein, die mehrere Corporate Books herausgebracht hat (vgl. James 2003).◄

Der Roman

Ungewöhnlich ist es noch immer, die Geschichte des Unternehmens in Form eines Romans zu erzählen. Die belletristische Form bedeutet nicht, dass hier Fakten „frei erfunden" werden. Vielmehr sind die wesentlichen Grundzüge und Ereignisse dichtestmöglich an der Realität angelehnt, doch in eine spannende Rahmenhandlung eingekleidet, die den Leser tief in die Unternehmenswelt eintauchen und bei allen Höhen und Tiefen mitfiebern lässt. Der Roman folgt der hohen Kunst des Storytellings, und seine Erstellung sollte daher in die Hände eines erfahrenen Schriftstellers gelegt werden. Der Roman hat den Vorteil, dass sich mit ihm ein sehr breites Lesepublikum erreichen lässt, und zwar insbesondere dann, wenn das Buch über einen renommierten Verlag im Buchhandel vertrieben wird.

Mittlerweile gibt es Romane über verschiedene Unternehmen, wie z. B. Dallmayr, Ullstein und VW. Nur selten wurden sie von Unternehmen direkt in Auftrag gegeben; oftmals wurden die Themen von kreativen Schriftstellern entdeckt und in Romanform aufgearbeitet.

Faber-Castell

Der historische Roman „Eine Zierde in ihrem Hause" beruht auf Tatsachen und erzählt die Lebensgeschichte der Großmutter des heutigen Firmenchefs. Das Buch ist ein höchst lebendiges Stück Sozial-, Wirtschafts-, Familien- und Unternehmensgeschichte und erinnert in einigen Zügen an die Werke Theodor Fontanes. Als gefragter und in hoher Stückzahl verkaufter Bestseller und

Longseller hält sich das Buch über die Geschichte Faber-Castells bereits seit mehr als 20 Jahren auf dem Buchmarkt (vgl. Scheib 2019).◄

2.3   Schöpfen Sie die Themenvielfalt aus

Der Inhalt eines Jubiläumsbuches muss keineswegs immer die Unternehmensgeschichte selbst sein. Sie können auch andere Themen aufgreifen, zum Beispiel die Biografie des Unternehmensgründers oder die Geschichte bestimmter Produkte, Marken oder Rohstoffe. Im Zusammenhang mit Umweltschutz, Nachhaltigkeit und dem Umgang mit den vorhandenen Ressourcen unseres Planeten besteht ein wachsendes öffentliches Interesse an solchen Themen. Kennen die Verbraucher die Entstehung und die Herkunft eines Produktes, so wachsen das Vertrauen und die Wertschätzung dafür.

Anlass der Herausgabe muss auch nicht unbedingt das Firmenjubiläum sein, sondern es kann z. B. auch der Geburts- oder Todestag des Unternehmensgründers, der Launch oder der Relaunch eines Markenproduktes, einer bekannten Werbefigur, des Börsengangs, des Standortes oder des Firmengebäudes sein. Es sollte ein „pfiffiger" Anlass gefunden werden, der sich für die Unternehmenskommunikation gut nutzen lässt.

WWB-Gruppe

Die auf Tiefbau spezialisierte WWB-Gruppe wurde von neuen Eigentümern, den Gebrüdern Sojka, aufgekauft. Es handelte sich dabei um eine ungewöhnliche Übernahme, die von zahlreichen Problemen geprägt war. Spannend wie in einem Wirtschaftskrimi erzählen die Eigentümer, ehemals angestellte Manager, wie sie den Schritt ins Unternehmertum wagten, eine mittelständische, von der Insolvenz bedrohte Firmengruppe erwarben und erfolgreich weiterentwickelten. Die packende und unterhaltsame Story schildert die dramatischen Phasen, in denen der Kauf über mehrere Jahre ablief. Daneben erhalten die Leser aber auch viele fundierte und praktische Fach- und Insider-Hinweise zum Erwerb und zum Management eines mittelständischen Unternehmens: von der Finanzierung, über die Vertragsgestaltung bis zur optimalen Marktpositionierung (vgl. Sojka et al. 2019).◄

2.4   Ein No-Go: das Buch als getarnte XXL-Werbebroschüre

Ein No-Go ist es, Unternehmensbücher mit verstecktem Product-Placement für bestimmte Produkte zu durchsetzen, ohne dies im Impressum oder an anderer Stelle eindeutig zu kennzeichnen. Das gilt insbesondere für Kinderbücher. Es bedarf keiner Diskussion, dass Kinder eines besonderen Schutzes bedürfen und nicht „hinterrücks" dogmatisch infiltriert werden dürfen, bestimmte Produkte einseitig wahrzunehmen oder zu konsumieren. Anfang 2015 wurde der Fall eines von der Daimler Truck AG nicht gekennzeichneten Kinderbuches über Lastwagen in der ARD-Sendung Monitor unter dem Titel „Geheim-PR zwischen Bücherdeckeln" aufgegriffen und scharf kritisiert, meiner Meinung nach zu Recht: Die Presse bemängelte, Kindern werde suggeriert, dass alle LKW auf der Welt von der Daimler Truck AG hergestellt würden, doch „Wissen" hat nichts mit „Werbung" und „Markenbildung" zu tun (https://shorturl.at/zJQS5). Damit wurde leider pauschal und zu Unrecht die gesamte Mediengattung „Corporate Book" in Verruf gebracht, doch es gibt durchaus von vielen Unternehmen herausgebrachte, seriöse und attraktiv gestaltete (Kinder-)Bücher.

Vermeiden Sie es generell, Corporate Books für Product-Placement zu benutzen, erst recht, wenn es sich um Bücher für Kinder handelt! Für diese Spezialform des Marketings gibt es andere, geeignetere Werbeformate. Bücher werden von Lesern als „Kulturgüter" zur „Wissensvermittlung" geschätzt und aus diesem Grunde gekauft. Verwenden Sie immer eindeutige Kennzeichnungen im Impressum oder an anderer Stelle, die Ihr Unternehmen als Herausgeber des Buches ausweisen.

> Ein Buch darf keine getarnte XXL-Werbebroschüre sein, in der die gegebenen nutzwertigen oder unterhaltsamen Informationen nur der Vorwand für „Schleichwerbung durch die Hintertür" sind. Nach 75 Jahren Dauerwerbeberieselung auf allen medialen Kanälen sind Verbraucher längst so gut informiert, dass sie Werbung in nahezu jeder Verpackung und Verkleidung als solche durchschauen. Und wenn nicht, dann werden sie von Presse und Fernsehen aufgeklärt – was sich zu einem Imageschaden für das betreffende Unternehmen entwickeln kann.

3.1 Content-Marketing hilft beim Vertrauensaufbau

Dienstleistungsunternehmen haben, gleich ob sie im BtoC- oder im BtoB-Bereich tätig sind sowie unabhängig von ihrer Branche und ihrer Größe, Mehreres gemeinsam:

- Sie können über klassische Werbung kaum ihre Klientel erreichen, ja teilweise unterliegen sie sogar einem Werbeverbot. Insbesondere Anzeigen, Bannerwerbung und andere gängige Akquise-Instrumente funktionieren nicht, vor allem nicht im BtoB-Geschäft. Es bedarf anderer Mittel, um auf sich und das eigene Angebot aufmerksam zu machen.
- Sie haben häufig komplexe Dienstleistungen, deren Aufbau und Nutzen sich auf einer Website, in Broschüren, Flyern und anderen gängigen Werbemitteln nicht ausreichend erschließen. Ein Buch kommt da gerade recht: Es bietet fundierte und ausführliche Inhalte statt flacher Werbeaussagen.
- Ihre Produkte sind „unsichtbar", weil sie erst nach Auftragsvergabe individuell für den jeweiligen Kunden erbracht werden. Klienten können die Qualität des Angebots vorab kaum überprüfen oder nur indirekt erschließen. Aus diesem Grund nimmt der Vertrauensaufbau vor Auftragsvergabe einen hohen Stellenwert ein, sodass sich manchmal die Kaufentscheidung über mehrere Monate hinzieht. Es bedarf „vertrauensbildender Maßnahmen", um potenziellen Auftraggebern die Kaufentscheidung zu erleichtern.

In den vergangenen 20 Jahren hat eine wachsende Anzahl von Dienstleistern eigene Bücher herausgebracht,

S U. Klug, *Corporate Books*, essentials,
https://doi.org/10.1007/978-3-658-42983-6_3

- um Kunden zu akquirieren bzw. potenzielle Kunden auf sich aufmerksam zu machen,
- um bestimmte Themen zu besetzen und sich dadurch einen Marktvorsprung zu verschaffen, idealerweise, um eine Marke für ein bestimmtes Know-how aufzubauen,
- um den eigenen Expertenstatus bzw. die eigene Fachkompetenz für ein bestimmtes Gebiet zu untermauern oder zu verstärken,
- oder weil ein eigener Blog über Jahre genug Stoff für ein Buch geliefert hat (vgl. Klug 2022).

> Das Buch dient dem *Content-Marketing,* der Ansprache bestimmter Zielgruppen mit informierenden, beratenden und unterhaltenden – statt mit werbenden – Inhalten. Viele Dienstleister setzen das Medium Buch in Verbindung mit einer Positionierung oder Neupositionierung und als Aufhänger für eine PR-Kampagne ein.

3.2   Akquisewirkung von Corporate Books wissenschaftlich belegt

An der Philipps-Universität Marburg wurde 2008/2009 zum ersten Mal eine wissenschaftliche Untersuchung über die von selbstständigen Coachs eingesetzten Marketinginstrumente und ihre Wirkung durchgeführt (vgl. Stephan et al. 2010). Die weitaus meisten Coachs sind hauptberuflich als Trainer, Unternehmensberater oder in anderen Dienstleistungsberufen tätig.

Die Studie kommt zu dem Ergebnis, dass die am häufigsten eingesetzten Marketinginstrumente – nämlich u. a. die eigene Website, Netzwerke und die persönliche Kundenansprache – keinesfalls die wirkungsvollsten sind. Am effektivsten erweist sich die Publikation eigener Bücher, die allerdings nur von 17 % der Befragten eingesetzt werden. Das Veröffentlichen eines Corporate Book hat unter allen Maßnahmen die höchste Effektivität und führt nachweislich zu einer Erhöhung der Auftragszahlen um 25 bis 300 %, im Durchschnitt um 86 %. Ähnlich positiv ist die Kombination einer Buchautorenschaft mit der Veröffentlichung von Fachartikeln zu sehen, die die Auftragszahlen ebenfalls bis zu 300 %, im Durchschnitt bis zu 66 %, nach oben schnellen lässt.

> Die beliebtesten Marketing-Maßnahmen sind keinesfalls die erfolgreichsten. Manches – wie die eigene Homepage, Networking, Vorträge, Messebesuche oder die Mitgliedschaft in Berufsverbänden – gilt bei Kunden als selbstverständlich, ist *business as usual* und wird nicht honoriert. Ein Corporate Book hingegen verleiht Dienstleistern in den Augen potenzieller Klienten Glaubwürdigkeit und einen Vorsprung am Markt, der zu merklich steigenden Auftragszahlen führt. Eigene Bücher eignen sich somit hervorragend zum Aufbau eines Expertenrufs (vgl. Stephan et al. 2010, S. 158 ff.).

Viele Dienstleister können nach der Publikation eines Buches häufig auch ihre Tagessätze erhöhen, weil ihr Expertenstatus nach außen mit einem Buch eindeutiger und glaubhafter darstellbar ist als ohne Buch.

3.3 Das Genre richtet sich nach den Leserinteressen

Auch bei Corporate Books von Dienstleistern steht der Nutzen im Vordergrund, denn das Buch sollte den Lesern gefallen und ihnen nützen. Leser kaufen Bücher, weil sie Antworten auf ihre Fragen und Lösungen für ihre Probleme suchen. Je nach Lesepublikum eignen sich grundsätzlich drei Genres: Ratgeber, Sachbücher und Fachbücher.

Ratgeber
Ratgeber liefern Hinweise, wie ein Problem Schritt für Schritt lösbar ist. Der Schwerpunkt liegt auf How-to-Anleitungen, also darauf, auf welche Weise eine bestimmte Aufgabe erfolgreich bearbeitet werden kann. Das Spektrum ist extrem breit und kann z. B. Themen des betrieblichen oder beruflichen Umfeldes (wie Umgang mit Computer oder Software, Verhalten von Mitarbeitern oder Chefs, Anfertigen einer Bilanz) oder des privaten Bereichs (Kindererziehung, schulische Leistungen, Gesundheit, Ernährung, Meditation usw.) betreffen.

Sachbücher
Sachbücher wenden sich an ein breites *General-Interest-Publikum*. Vom Rentner bis zur Hausfrau, vom Studenten bis zum Geschäftsführer wird jeder angesprochen, der sich für das jeweilige Thema interessiert, unabhängig von seiner Ausbildung, seinem Beruf oder seinen Vorkenntnissen. Bereits die Titel solcher Werke signalisieren dies

durch die Wertwahl: „Darm mit Charme" von Giulia Enders, „Ich bin dann mal weg"
von Hape Kerkeling oder „Wer bin ich, und wenn ja, wie viele?" von Richard David
Precht sind typische Sachbuchtitel.

Sachbücher zeichnen sich dadurch aus, dass das betreffende Thema für eine
große Leserschaft betont einfach, manchmal auch plakativ, und sehr verständlich dargestellt wird. Ein Schuss Humor, Storytelling und eine gute Bebilderung
tun ein Übriges, um das Thema in Form von „Infotainment" aufzubereiten und
Lesevergnügen zu bereiten.

Inhaltlich geht es in solchen Büchern beispielsweise um folgende Themen: Wie
kann ich meine Gesundheit verbessern und bestimmte Krankheiten auskurieren?
Wie finde ich einen neuen Arbeitsplatz? Wie kann ich meine Rechte als Mieter
wahren? Wie kann ich mein Geld optimal anlegen? Fragen, auf die Endverbraucher in der Gestalt von Patienten, Arbeitsuchenden, Mietern, Vermögenden usw.
Antwort suchen. **Dieses Genre sollten Sie wählen, wenn Sie überwiegend im
BtoC-Bereich tätig sind, also Endverbraucher als Kunden haben.**

Menschenkenntnis

Der Speaker und Management-Trainer Martin Betschart veröffentlichte unter
dem Titel „Ich weiß, wie du tickst" ein Sachbuch zum Thema Menschen-
kenntnis (vgl. Betschart 2012). Humorvoll, verständlich und mit einer Reihe
von Tests und Fallbeispielen zeigt er dem Leser darin, wie man andere treff-
sicher einschätzt sowie die eigenen Talente und Fähigkeiten entdeckt. Das
Buch stand monatelang auf den Bestsellerlisten und verkaufte sich mehr als
30.000-mal.◄

Fachbücher

Fachbücher wenden sich an ein eng eingegrenztes *Special-Interest-Publikum*
und behandeln Spezialthemen, die auf einem besonderen, oft beruflich motivier-
ten Interesse beruhen. Leser sind Fachleute, oftmals Vorstände, Geschäftsführer,
Führungskräfte und Selbstständige.

Trotz komplexer Themen und eines hohen inhaltlichen Anspruchs sollten Fachbücher nicht zu „trocken", „theorielastig" oder „wissenschaftlich" sein, sondern
praxiserprobte Methoden und bewährte, mit Erfolg angewandte Lösungen in den
Vordergrund stellen. Neben einer Darstellungsart, die auch für Laien verständlich
ist und dementsprechend auf zu hohe Komplexität und überflüssiges Fachchinesisch
verzichtet, sind anschauliche Best-Practice-Beispiele ein unverzichtbarer Bestand-
teil. Der Leser sollte mühelos verstehen können, wie die im Buch dargestellten
Methoden oder Problemlösungen funktionieren und angewandt werden können.

Typische Fragestellungen, die in Fachbüchern behandelt werden, sind beispielsweise: Wie lassen sich Verkaufsabschlüsse im Vertrieb verbessern? Wie entgeht ein Unternehmen der Austauschbarkeitsfalle? Wie lässt sich für einen Konzern mit 150 Geschäftseinheiten optimal eine Geschäftsstrategie entwickeln? Wie lässt sich das Internet für einen Produkt-Relaunch nutzen? Wie lässt sich Prozessmanagement im Unternehmen optimal integrieren? **Dieses Genre sollten Sie wählen, wenn Sie als Dienstleister im BtoB-Bereich tätig sind.**

Erfolgreich durch Lean Leadership

In seinem Fachbuch „Erfolgsfaktor Lean Leadership" stellt der Unternehmensberater Marco Rodermond dar, wie Unternehmen im schärfer werdenden Wettbewerb mit steigenden Kosten Prozesse effizienter ausrichten und Führungskräfte Lean systematisch in ihren Alltag integrieren (vgl. Rodermond 2021). Lean Management ist Gegenstand vieler, häufig komplexer Fachbücher, die sich nur an Lean-Experten wenden. Demgegenüber punktet das Buch von Rodermond bei der Presse und den Lesern mit hoher Verständlichkeit und Anschaulichkeit. Anhand vieler Unternehmensbeispiele und einer einfachen, laiengerechten Darstellung ist es gelungen, das Thema für interessierte Führungskräfte und Geschäftsführer ohne Lean-Wissen klar, nachvollziehbar und nutzwertig aufzubereiten.◄

Sachbücher sind bei Dienstleistern besonders beliebt, weil sie im Gegensatz zu Fachbüchern die Chance haben, auf die einschlägigen *Spiegel*-Bestsellerlisten zu kommen und damit hohe Verkaufszahlen zu erreichen. Doch die Suche nach einem renommierten Verlag gestaltet sich deutlich schwieriger als für Fachbücher, denn die Ablehnungsquote der Verlage ist besonders hoch.

Fachbücher gelangen im Unterschied zu Sachbüchern meist nicht auf die Bestsellerlisten, treffen aber dafür auf einen recht konstanten und langlebigen Markt. So haben sie die Chance, sich zu Standardwerken zu entwickeln, und können sich oft als Longseller über viele Jahre und viele Auflagen behaupten.

Sachbücher müssen gegenüber Fachbüchern journalistisch und schriftstellerisch deutlich höhere Ansprüche erfüllen: Am einen Ende sollten sie mindestens so interessant wie eine journalistische Reportage sein, am anderen Ende dürfen sie so spannend wie ein Thriller sein, wenn es dem Autor gelingt, einen Spannungsbogen durch das ganze Buch zu halten. Es ist immer wieder zu beobachten, dass schlecht oder durchschnittlich geschriebene Sachbücher schneller vom Markt verschwinden als überdurchschnittlich gut geschriebene.

Zu den meisten Sach- und Fachbuchthemen gibt es heute auf dem Buchmarkt mehrere Dutzend Titel. Daher ist es für den Bucherfolg unbedingt erforderlich, sich inhaltlich von Konkurrenztiteln sorgfältig abzugrenzen und am besten in eine noch unbesetzte Nische vorzudringen, was Aufgabe eines gelungenen Buchkonzeptes ist (Abschn. 4.3). Bei geschickter Themenwahl haben Sie die Möglichkeit, als Autor zur „Marke" zu werden. Das gilt insbesondere, wenn Sie als Erster auf dem Buchmarkt ein neues Thema oder eine neue Themennische besetzen.

3.4   Die No-Gos: wann Bücher kontraproduktiv sind

Bücher bleiben wirkungslos und ihre Publikation ist nicht empfehlenswert für Dienstleister,

- wenn sie noch in der Existenzgründungsphase der ersten ein bis vier Jahre sind; hier sind andere, gängige Werbeinstrumente erst einmal wichtiger, z. B. Websites, Broschüren, Flyer und der Aufbau von Netzwerken;
- wenn ihr Marktprofil nicht scharf genug ist – salopp gesagt: wenn sie einen „Bauchladen" heterogener Leistungen für unterschiedliche Zielgruppen anbieten und nicht klar spezialisiert sind;
- wenn ihr Buch auf Leser laienhaft und unprofessionell wirkt, wenn es schlecht geschrieben ist und die äußere Aufmachung „selbst gebastelt" wirkt, was bei Publikationen im Eigenverlag und Selfpublishing zum Teil der Fall ist. Achtung: Leser schließen von der Qualität des Corporate Book immer auf die Qualität des Unternehmens, das es herausgebracht hat, bzw. auf das Können des Autors. Ein schlecht gemachtes Buch stößt Leser und potenzielle Kunden ab, anstatt sie anzuziehen;
- in den letzten Jahren ist leider zunehmend festzustellen, dass auch Dienstleister, ähnlich wie *Daimler Truck* (vgl. Abschn. 2.4), das Medium Buch als „XXL-Werbebroschüre" missbrauchen, um damit potenzielle Leser bzw. Käufer auf einen eigenen Onlinekurs aufmerksam zu machen. Das kommt bei Lesern ausgesprochen schlecht an, insbesondere, wenn die Autoren im Buch nur oberflächliche Allgemeinplätze verbreiten, aber im Hinblick auf ihr Thema „die Katze nicht aus dem Sack" lassen wollen. Stattdessen finden sich am Ende jedes Kapitels ein QR-Code und die penetrant wiederholte Aufforderung, doch bitte auf einer bestimmten Website den Onlinekurs oder das -coaching zu buchen. Immer wieder ist zu beobachten, dass die Verkaufszahlen solcher

„getarnter Werbebroschüren", die häufig über Amazon verbreitet werden, nach einem kurzen Hype steil abfallen, nämlich spätestens dann, wenn sich die negativen Rezensionen verärgerter Buchkäufer im Web häufen.

- Mit solchen „Büchern" tun sich Dienstleister keinen Gefallen, ja, sie ramponieren damit ihr Image als Autoren, auch für spätere Publikationen. Zu Recht beschweren sich Buchkäufer, wenn sie 20 bis 30 € für ein Buch zahlen sollen, das keine nutzwertigen Informationen liefert und ihnen die (Lese-)Zeit stiehlt, dafür aber massiv einen Onlinekurs für 500 € oder mehr bewirbt. Verärgerte Leser, die sich von einer „Werbebroschüre" abgezockt fühlen, die ihrer Ansicht nach kostenlos sein müsste, werden meist nicht zu willigen und zufriedenen Käufern eines Onlinekurses, der ein Vielfaches des Buchpreises kostet.

Für die Bewerbung von Onlinekursen oder -coachings braucht es kein aufwendig gestaltetes Buch mit 150 oder mehr Seiten. Hier tut es auch ein Freebie von wenigen Seiten, das als PDF kostenlos zum Download angeboten werden kann. Sofern das Freebie nützliche Informationen liefert – z. B. eine Checkliste oder ein paar gute Tipps zum Thema –, kann es Kunden sehr gut zum Kauf eines Onlinekurses bewegen.

Zweckmäßig ist es, das Content-Marketing auf viele Standbeine zu stellen und außer Büchern auch andere PR-Instrumente gezielt und kontinuierlich einzusetzen. Dazu gehören Artikel in Fachzeitschriften, Interviews, Blogposts, Freebies, Internet-Publikationen in diversen Foren, E-Mail-Newsletter usw.

Die strategische Planung: Ihr Projekt gekonnt einfädeln

4

4.1   Die wichtigste Entscheidung: make or buy?

Der strategischen Planungsphase zu Anfang des Buchprojekts kommt eine Schlüsselfunktion zu. Da Unternehmen aber oftmals nicht wissen, wie sie ein Buchprojekt angehen sollen, vernachlässigen sie häufig die Strategie und stürzen sich kopfüber in die operative Phase der Umsetzung, indem sie „einfach loslegen". Häufig wird beispielsweise gleich mit dem Schreiben des Buchtextes begonnen, ohne dass man zuvor Antworten auf die wichtigsten Fragen gefunden hätte: Welchen Zielen dient das Buchprojekt? Wie hoch ist der zur Verfügung stehende Etat? Wie soll das Thema behandelt werden und wie viel Stoff ist vorhanden? Welcher besondere Nutzen kann Lesern geboten werden? Wird ein Verlag benötigt oder nicht? Und wie soll das Buch nach der Veröffentlichung vermarktet werden?

Fast immer treten ohne strategische Planung in der operativen Phase massive Probleme auf, und zwar vordergründig als vermeintlicher „Zeitmangel": Das Buch wird nicht rechtzeitig fertig, und der Erscheinungstermin ist stark gefährdet.

> *Proper prior planning prevents poor performance.* Ein Buchprojekt zu beginnen, ohne zuvor die Strategie festgelegt zu haben, ist wie Segeln ohne Kompass: Das Einhalten des Kurses ist Glückssache und das Erreichen des Ziels reiner Zufall. Genau wie andere Marketing- und PR-Projekte müssen auch Buchprojekte sorgfältig geplant und Schritt für Schritt gesteuert werden.

© Der/die Autor(en), exklusiv lizenziert an Springer Fachmedien Wiesbaden
GmbH, ein Teil von Springer Nature 2023
S. U. Klug, *Corporate Books*, essentials,
https://doi.org/10.1007/978-3-658-42983-6_4

Welche unternehmenseigenen Ressourcen können Sie zur Verfügung stellen?
Zuerst sollten Sie entscheiden, ob Sie das Buchprojekt in Eigenregie realisieren oder mit externen Buch-Profis zusammenarbeiten wollen. Prüfen Sie Ihre unternehmensinternen Kompetenzen und Ressourcen, die Sie für die Dauer des gesamten Buchprojekts zur Verfügung stellen können, und zwar kontinuierlich. Denn „gelegentliche" Arbeiten am Buchprojekt, die immer wieder vom Tagesgeschäft und der üblichen Auftragsabwicklung unterbrochen werden, führen nicht zum Ziel. Viele Projekte werden zwischen monatelanger Aufschieberei und dem Versuch, verlorene Zeit durch Hauruck-Aktionen wieder aufzuholen, regelrecht zerrieben und scheitern letztlich. Doch Buchmanuskripte lassen sich definitiv nicht in einem 14-tägigen Urlaub plus einiger Wochenenden schreiben.

Erstaunlich ist immer wieder die Ansicht, bei Corporate Books müsse alles anders laufen als bei anderen Marketing- oder PR-Projekten. Während beispielsweise bei der Programmierung von Websites, der Gestaltung von Werbemitteln und bei PR-Kampagnen selbstverständlich mit Profis zusammengearbeitet wird, wollen Unternehmer und Selbstständige bei Corporate Books häufig noch alles selbst machen.

Prüfen Sie, ob folgende Ressourcen in Ihrem Hause vorhanden sind:

- **Publikations-Know-how:** Welche Ihrer Mitarbeiter verfügen über die fachlichen Kompetenzen, die für die Veröffentlichung eines Buches erforderlich sind? Dazu gehören
  - strategische bzw. konzeptionelle Planung,
  - schriftstellerisches bzw. journalistisches Können und Erfahrung im Verfassen eines umfangreichen Buchtextes von ca. 150 bis 200 Seiten,
  - Grundkenntnisse des Urheberrechts,
  - Produktions-Know-how in Sachen Bebilderung, Layout, Buchausstattung und Druck,
  - Verlagskontakte und
  - Vermarktungs-Know-how.
- **Zeit:** Ein Buchprojekt benötigt für die Realisierung meist anderthalb Jahre. Allein die Manuskripterstellung einschließlich Recherchen und Überarbeitung des Textes dauert ca. 90 bis 120 Arbeitstage. Rechnen Sie gegen, wie viele Umsätze bzw. Aufträge Ihnen innerhalb dieses Zeitraums entgehen. Meist stellt sich heraus, dass eine professionelle Projektbetreuung, gegebenenfalls verbunden mit einem Ghostwriting, unter dem Strich preiswerter ist, als alles selbst machen zu wollen.

- **Personelle Ressourcen:** Welche und wie viele Mitarbeiter können Sie für die Dauer des Buchprojekts von ihrer regulären Arbeit freistellen, damit sie am Buchprojekt ungestört und konzentriert arbeiten können? Verfügen die Mitarbeiter über ausreichendes Publikations-Know-how? Auch hier sollten Sie die Opportunitätskosten für den „Ausfall" der Mitarbeiter an ihrem regulären Arbeitsplatz berücksichtigen.

Prüfen Sie bitte ehrlich und ohne Schönfärberei. Es ist eine Illusion zu glauben, ein Buchprojekt könne „neben" dem üblichen Tagesgeschäft „irgendwie" bewältigt werden, indem „gelegentlich" „irgendwer" im Betrieb einige Arbeiten daran vornimmt! Wenn Sie zu dem Ergebnis kommen, dass Sie keine Mitarbeiter freistellen können, an die Sie Ihr Buchprojekt delegieren können, und dass es auch niemandem in Ihrem Hause gibt, der das erforderliche Know-how hat, dann befinden Sie sich in bester Gesellschaft. Über 90 % aller Betriebe und Selbstständigen verfügen, unabhängig von ihrer Branche, nicht über genügend Kapazitäten oder Know-how, um ihr Buchprojekt selbst zu realisieren. Denn Buchprojekte sind Spezialaufgaben, die nicht zur Routine gehören.

Selbst in mittelständischen und großen Unternehmen, in denen es eigene *Corporate Communication Divisions* mit mehreren Mitarbeitern gibt, sind meist nur Teile des erforderlichen Wissens verfügbar, um das Projekt selbst zu realisieren. Relativ häufig sind noch das Produktions-Know-how und Kontakte zu Grafikern und Druckereien vorhanden, doch fehlt es an Verlagskontakten und an der Erfahrung im Verfassen von umfangreichen, gut formulierten Buchtexten, im Recherchieren von Buchinhalten und daran, wie Bücher vermarktet und in das *Corporate Communications*-Konzept eingefügt werden können.

Das „Do-it-yourself-Verfahren" ist – neben einer unrealistischen Zeitplanung – der häufigste Totengräber vielversprechender Buchprojekte. Das Corporate Book ist ein *hochwertiges* Instrument Ihrer Unternehmenskommunikation. Sie haben die Absicht, mit Ihrer Zielgruppe auf Premium-Niveau zu kommunizieren und Ihr Buch für Markenpflege, PR-Kampagnen usw. langfristig einzusetzen. Dementsprechend sollten Sie Ihr Corporate Book nicht zum „Experimentierfeld für Laien" machen, auf dem man sich mit Versuch und Irrtum unter beständigem Zeit- und Geldverlust vorwärtshangelt.

Wählen Sie geeignete Dienstleister aus

Welche Dienstleister eignen sich für die Betreuung von Corporate Books? Naheliegend, aber nicht immer sinnvoll ist es, Agenturen aus der Kommunikationsbranche zu beauftragen. So sind z. B. die oft angesprochenen PR- oder Werbeagenturen nur in seltenen Fällen Buch-Profis. Agenturen, die keine Erfahrung mit Buchprojekten haben und in diesem Bereich auch keinerlei Referenzen vorweisen können, sollten Sie mit Ihrem Buchprojekt nicht betreuen. Prüfen Sie die Referenzenliste von Anbietern, und zwar nicht nur im Hinblick auf illustre Unternehmensnamen, die darauf möglicherweise zu finden sind, sondern auch im Hinblick auf nachweislich erfolgreich betreute Corporate-Book-Projekte.

> **Übersicht**
> Als Dienstleister geeignet sind:
>
> - Corporate-Publishing- und Corporate-Book-Agenturen, die als Full-Service-Anbieter Projekte komplett steuern und abwickeln können und auch damit vertraut sind, umfangreiche Inhalte textlich gekonnt aufzubereiten,
> - freiberufliche Dienstleister wie z. B. Lektoren, Ghostwriter, Unternehmenspublizisten usw., die auf Buchprojekte für Unternehmen spezialisiert sind, sowie
> - manche Buchverlage, die eigene Geschäftseinheiten zur Betreuung von Corporate Books für große Unternehmen unterhalten und ähnlich wie CP-Agenturen arbeiten.

Etliche Unternehmen, meist KMU und Solopreneure, bevorzugen „preiswerte" Buch-Dienstleister, um Geld zu sparen. Oft glaubt man, ein „möglichst billiger" Ghostwriter oder Autor reiche aus, alles Übrige könne man dann schon selbst machen. Doch ein Corporate Book ist ein Premium-Instrument und keine Restpostenschleuder. Sie publizieren unter Umständen innerhalb von 5 bis 10 Jahren nur ein einziges Buch, für das es keine „zweite Chance" gibt. Ist es erst einmal auf dem Markt, können Sie Fehler oder Mängel nicht mehr korrigieren. Selbst wenn Sie vorhaben, Ihr Buchprojekt weitgehend in Eigenregie zu realisieren, so sollten Sie sich zumindest zu Anfang in der strategischen Phase von Profis begleiten und unterstützen lassen, um die Weichen richtig zu stellen.

Vermeiden Sie die drei Kardinalfehler bei der Auswahl von Corporate-Book-Dienstleistern

1. **Einfach einen „beliebigen" Anbieter auszuwählen.** Häufig beauftragen kleine Betriebe die Germanistikstudentin aus der Nachbarschaft und große Unternehmen eine ihnen bekannte PR- oder Werbeagentur, mit der sie schon zusammengearbeitet haben. Beides kann kontraproduktiv sein, wenn die Betreffenden über kein Know-how in Sachen Corporate Books verfügen und keine betreuten Projekte vorweisen können. „Schreiben zu können" reicht bei weitem nicht aus, um ein Buchprojekt in seiner Komplexität insgesamt zu managen. Die Qualität Ihres Buches sollten Sie nicht dem Zufall überlassen.
2. **Einen möglichst preiswerten Dienstleister auszusuchen, der nur Teilbereiche eines Buchprojektes abdeckt,** aber gewisse, für das Projekt wichtige Leistungen nicht erbringen kann. Beliebt ist es beispielsweise, einen Autor oder Ghostwriter zu engagieren, aber kann er Ihr Buch auch an einen renommierten Verlag vermitteln? Und verfügt er über Produktions- und Vermarktungs-Know-how?
3. **Externe Corporate-Book-Experten zu spät zurate zu ziehen,** nachdem man mit dem Buchprojekt – meist nach zeitintensiven und umfangreichen Eigenleistungen – schon in eine Sackgasse gelaufen ist. Beispielsweise ist die Suche nach einem Verlag gescheitert oder man weiß nicht, wie man ein holpriges Manuskript in eine lesergerechte, inhaltlich ansprechende Form bringen soll. Oft ist es dann für Rettungsaktionen zu spät, und das Buch kann nicht mehr rechtzeitig erscheinen; nicht selten muss sogar das gesamte Projekt komplett neu aufgesetzt werden. Die Entscheidung, ob Sie mit Profis zusammenarbeiten wollen, sollten Sie gleich zu Anfang des Projekts treffen, nicht erst, wenn Schwierigkeiten auftauchen.

Nur selten dringen Fälle gescheiterter Buchprojekte an die Öffentlichkeit. Die Berliner Charité, eine der renommiertesten Kliniken Deutschlands, ist die unrühmliche Ausnahme. Das Problem: Man wählte für einen hochkarätigen Auftrag einen drittklassigen Dienstleister aus.

Plagiierter Jubiläumsband wird zum Image-GAU

Zu ihrem 300-jährigen Jubiläum gab die Charité extern eine Festschrift in Auftrag, die rechtzeitig erschien, doch aufgrund massiver, von Medizinautoren bemängelter Urheberrechtsverletzungen wieder vom Markt genommen werden musste. In der Presse löste dies massive Kritik an der Charité aus, der Medien wie die *Zeit* und der *Spiegel* mangelnde Professionalität und fehlendes Qualitätsbewusstsein vorwarfen (vgl. https://shorturl.at/cgiJ6 und https://shorturl.at/deC03). Die Charité hatte für das Verfassen des Buchtextes einen freien Journalisten engagiert, dessen Qualitätsnachweis lediglich darin bestand, kleinere Feuilleton-Artikel publiziert zu haben und mit einem der Ärzte befreundet zu sein. Der beauftragte Journalist war jedoch mit der Aufgabe, einen Buchtext zu verfassen, überfordert. Er erwies sich in allen mit Corporate Books verbundenen Aufgaben – wie fachliche Recherchen, Textgestaltung, Zeitmanagement, Urheberrecht sowie Vertragsgestaltung mit Auftraggebern und freien Mitarbeitern – als völlig unerfahren, um nicht zu sagen: inkompetent. Der Journalist verfügte über keinerlei medizinhistorisches Wissen und beauftragte aus Zeitnot als weitere Autoren genauso unerfahrene Subunternehmer.

Der Charité gelang es nicht, die Festschrift nach den bemängelten Rechtsverletzungen schnell genug vom Markt zu nehmen. In einem Gerichtsverfahren versuchte sie, von dem mittellosen Autor für die missglückte Publikation, die für 60 EUR pro Exemplar hätte verkauft werden sollen, Schadenersatz im hohen fünfstelligen Bereich einzufordern – vergeblich. Doch es ging noch weiter: Der ins Kreuzfeuer geratene Journalist veröffentlichte nun seinerseits zum Jubiläumsband eine Art „Gegen-Publikation", in der er sich kritisch mit der Geschichte seines Auftraggebers, den Skandalen und Fehlleistungen des Klinikums, auseinandersetzte. Sein Buch ist im Unterschied zum Charité-Jubiläumsband bis heute auf dem Buchmarkt verfügbar. Eine Blamage für die Charité (und natürlich auch für den Journalisten)! Das gesamte „PR-Drama" füllte zwei Jahre lang die Schlagzeilen von Tages- und Wochenzeitungen sowie medizinischen Fachjournalen. Es ist noch heute, mehrere Jahre nach dem Jubiläums-Fiasko, im Internet detailliert nachlesbar.◄

Ein Großunternehmen wie die Charité mit Umsätzen im dreistelligen Millionen-Bereich hätte für einen öffentlichkeitswirksamen Jubiläumsband, der außerdem noch gewinnbringend verkauft werden sollte, einen erfahrenen Full-Service-Dienstleister für Corporate Books gebraucht – eine Agentur, die die gesamte Prozesskette von der strategischen Planung bis zur operativen Umsetzung beherrscht und steuert. Dazu hätte es auch einer angemessenen Budgetierung des Projekts bedurft, die in diesem Fall viel zu niedrig ausfiel. Ein einzelner Autor hätte selbst dann, wenn er ordentliche Arbeit geleistet hätte, bei einem Projekt dieser Größenordnung nicht ausgereicht, weil er nur einen kleinen Teil des Gesamtprojektes überschauen und verantworten kann, nämlich den Text.

4.2   Professionelles Publikationsmanagement

Bei gelungenen Buchprojekten fließen 60 bis 70 % des gesamten Zeitbudgets in die Erarbeitung der Publikationsstrategie und nur 30 bis 40 % in die operative Umsetzung. Laien machen es häufig umgekehrt: Sie investieren nur 5 bis 10 % der Energie in eine Strategie und brauchen dann 90 bis 95 % ihrer Kraft und Zeit für die Realisierung. Doch „operative Hektik" und fehlendes Publikations-Know-how führen häufig dazu, dass viele Arbeiten unter hohem Zeitverlust doppelt und dreifach oder in der falschen Reihenfolge erledigt werden, weil man Irrtümer und ungelöste Probleme zu spät erkennt.

Das Publikationsmanagement von Buchprojekten lässt sich in 6 Phasen gliedern, wie in Abb. 4.1 dargestellt.

- Zur **strategischen Phase** gehören die Erarbeitung eines Konzeptes (1) und die Projektplanung (2). In der Konzeptionsphase werden das Publikationsziel und die Lesergruppe, das Buchthema und der Vermarktungsweg festgelegt. In der Projektplanung geht es um die Terminierung der Projektphasen, die Gesamtdauer des Projekts, das Projektteam wie auch den finanziellen Rahmen. Konzept und Projektplanung werden in diesem Kapitel (Abschn. 4.3, Abschn. 4.4) behandelt.
- Zur **operativen Phase** gehört die gesamte Manuskripterstellung (3) einschließlich Bildredaktion, Korrektur und Freigabe des Manuskripts (4) sowie die Produktion (5), also Layout und Druck. Darauf wird im folgenden Kapitel (Abschn. 5.1, Abschn. 5.2) eingegangen.
- Zuletzt erfolgt die **Vermarktung** (6) einschließlich der Einbettung in Marketing und PR des Unternehmens, Online-Aktivitäten usw. (vgl. Abschn. 5.3).

4.3   Das Konzept – der Masterplan für Ihr Buch

Die Entwicklung zündender Kommunikationskonzepte gehört im Marketing zur hohen Kunst und ist der Garant für den Erfolg. Ebenso wichtig sind Konzepte für Corporate Books. Buchkonzepte sollten pfiffig, ungewöhnlich und interessant sein, sodass der Grundstein für ein unverwechselbares Buch mit Alleinstellungsmerkmal gelegt wird. Langweilige und austauschbare (oder fehlende!) Konzepte führen zu ebensolchen Büchern. Doch Buchtitel mit Me-too-Charakter haben

1. Konzeption
• Publikationsziel
• Leser-/Zielgruppe
• Buchinhalte
• Themeneingrenzung
• Genrewahl
• Layout und äußere Gestaltung
• Vermarktungswege

2. Projektplanung
• Erscheinungstermin des Buches
• Dauer des Projektes
• Projektteam und -mitarbeiter
• Terminierung der Projektphasen
• Finanzierung

3. Manuskripterstellung
• Auswahl des Autors/der Autoren/ Ghostwriter
• Recherchen für den Inhalt
• Verfassen des Textes
• Bildredaktion (Suche/Auswahl von Bildern, Fotoshooting usw.)

4. Korrekturphase
• Prüfung des Manuskriptes durch den Auftraggeber
• Einarbeitung von Änderungen und Korrekturwünschen
• Freigabe durch den Auftraggeber

5. Produktion
• Satz und Layout
• Covergestaltung
• Druck, Druckveredelung, Bindung
• Auslieferung der Auflage

6. Multimediale Vermarktung
• Marketing und Online-Aktivitäten
• PR für Buch, Thema und Unternehmen (Online, Print, TV)
• Integrierte oder kampagnenorientierte Kommunikation
• Buchbegleitende Produkte (Website, Hörbuch, Trailer, Event)

Professionelles Publikationsmanagement

Abb. 4.1 Professionelles Publikationsmanagement

wenig Chancen, denn sie müssen sich heute gegen einen zu starken Verdrängungswettbewerb behaupten. Mehr als hundert Konkurrenztitel auf dem Markt sind keine Seltenheit mehr.

Ihr Buch sollte dem Lesepublikum einen deutlich erkennbaren und im Werbe- und Klappentext klar kommunizierten Nutzen bieten, der entweder im Bereich der Information (Wissensvermittlung, Know-how-Erwerb, Kennenlernen von Problemlösungen) oder im Bereich der Unterhaltung (Zeitvertreib, Abwechslung, Entspannung vom Alltag, spannende Geschichten) liegt; auch eine Kombination beider Elemente (Infotainment) ist möglich.

Unternehmen und Selbstständige, die wenig Publikationserfahrung haben, neigen dazu, Bücher zu sehr unter dem Aspekt der Selbstdarstellung zu sehen. Es geht ihnen darum, wie *sie* in der Öffentlichkeit wahrgenommen werden und was *sie* mitteilen wollen. Doch noch wichtiger ist es zu überlegen, was *das Lesepublikum* begeistert und was ihm nützt. Nicht zu vergessen ist auch der Buchmarkt: Das Corporate Book muss sich von bisher publizierten Titeln zum gleichen Thema ausreichend unterscheiden. Gut gemachte Konzepte vereinen die Unternehmensperspektive mit der Leser- und der Marktperspektive (vgl. Abb. 4.2).

Kommunikations- und Publikationsziele festlegen

Zu Beginn der Konzeptarbeit gilt es, Ihre mit der Publikation des Buches verbundenen Erwartungen in Form von klaren Zielen zu definieren. Allgemein formuliert, verfolgen Firmen meist eines oder mehrere der folgenden Ziele:

- **Positionierung des Unternehmens oder des Selbstständigen und seiner Produkte und Dienstleistungen:** Das Unternehmen möchte deutlich machen, wofür es mit seinen Leistungen steht.
- **Erhöhung des Bekanntheitsgrades:** Das Unternehmen oder der Selbstständige möchten von einer größeren Öffentlichkeit wahrgenommen werden.
- **Imagegewinn:** Es möchte eine gute Reputation entwickeln und diese weiter ausbauen.
- **Markenbildung oder -stärkung:** Das Unternehmen oder der Selbstständige möchten als „führender Spezialist" in einem bestimmten Gebiet wahrgenommen werden. Bei kleinen Unternehmen oder Solopreneuren im Dienstleistungsbereich ist es oft so, dass der Unternehmer als Person zur Marke werden möchte.
- **Langfristige Medienpräsenz:** Das Unternehmen oder der Autor möchten in den Medien dauerhaft im Gespräch bleiben und Gesprächsanlässe schaffen. Dazu bietet ein Corporate Book, das stets über mehrere Jahre auf dem Markt bleibt, immer wieder neue Möglichkeiten und Anknüpfungspunkte.

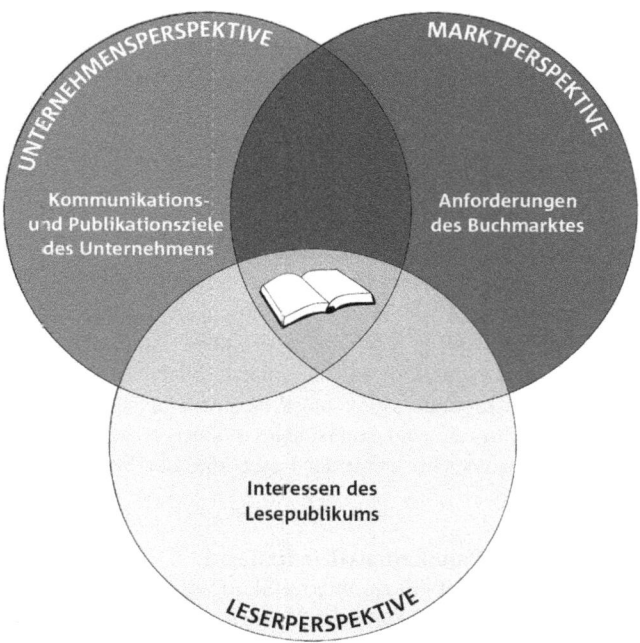

Abb. 4.2 Die Vereinigung der drei Perspektiven in einem Buchprojekt

- **Themen besetzen (Agenda-Setting):** In gesellschaftlichen Diskussionen geht es Unternehmen häufig darum, als Erste über bestimmte Themen zu publizieren, um ihre Vorreiterrolle zu unterstreichen. Es kann sich beispielsweise um die Darstellung neuer Problemlösungen im betrieblichen Umfeld handeln.
- **Aufbau eines Expertenstatus:** Meist weniger bei Industrie-Unternehmen, doch fast immer bei Dienstleistern besteht der Wunsch, als Experte für das im Buch behandelte Thema wahrgenommen zu werden.
- **Kommunikationsmaßnahmen verstärken:** Das Corporate Book wird im Rahmen geplanter PR- oder Marketingkampagnen oder bei bestimmten Events (Fachtagungen, Kongressen usw.) eingesetzt, und zwar oftmals als Zugpferd.
- **Neukundengewinnung:** Dass Industrie-Unternehmen über Corporate Books Kunden akquirieren, ist so gut wie ausgeschlossen, doch Dienstleister können dies häufig tun.

Checkliste: Ihre Publikationsziele

- Was soll Ihnen Ihr Corporate Book bringen?
- Was soll sich in jedem Fall durch das Buch für Sie bzw. Ihr Unternehmen verbessern?
- Welche Beziehung besteht zwischen dem Ziel Ihres Buches und Ihrer Unternehmens-Positionierung am Markt (Übereinstimmungen, Unterschiede)?
- Wie und bei welchen Gelegenheiten wollen Sie Ihr Buch nach Erscheinen im Gesamtkonzert Ihrer Medien und Ihres Marketings einsetzen?
- Welche Ansprüche an das Buch haben Sie?
- Worauf legen Sie besonderen Wert?

Buchinhalt, Themeneingrenzung und Zielgruppe

Zu den meisten Themen gibt es heute auf dem Buchmarkt eine große Anzahl von Titeln, nicht selten sind es 50 oder mehr „Konkurrenzwerke" mit ähnlichen Inhalten. Sie sind also – außer wenn Sie über die Geschichte Ihres Unternehmens publizieren – gewiss nicht der Erste und wahrscheinlich nicht einmal der Zweite, der zu Ihrem Thema eine Veröffentlichung herausbringt. Deshalb ist es umso wichtiger, dass Sie Ihr Thema sehr genau eingrenzen und damit den Inhalt von anderen Werken abgrenzen.

Die exakte Eingrenzung Ihres Themas trägt dazu bei, dass Ihr Buch ein Alleinstellungsmerkmal gegenüber „ähnlichen" Büchern erhält, einen USP *(Unique Selling Proposition)* bzw. UCP *(Unique Communication Proposition)*. Das Alleinstellungsmerkmal gibt nicht nur Ihrem Publikum einen guten Grund, Ihr Buch zu kaufen und zu lesen, sondern erleichtert auch die Verlagssuche.

Ein **Alleinstellungsmerkmal** kann ein Buch auf dreifache Weise erhalten.

- **Durch den Themenzuschnitt:** Sie befassen sich mit bestimmten Inhalten, die in anderen Werken entweder gar nicht oder nicht in der von Ihnen angestrebten Kombination behandelt werden, schließen also eine Marktlücke. Oder Sie vertreten neue Thesen und werfen damit ein neues Licht auf ein altbekanntes Thema.
- **Durch die Darstellungsweise und die Wahl des Genres:** Sie bereiten ein Thema, das in bisherigen Publikationen z. B. fachlich und spröde dargestellt wurde, verständlich und humorvoll auf.
- **Durch die Wahl bzw. Eingrenzung Ihrer Leserschaft:** Wenn Sie beispielsweise ein Buch zum Thema „Verkaufen" schreiben wollen, so macht es einen großen Unterschied, ob Ihre Leser im technischen Vertrieb tätige Ingenieure,

Handwerker, selbstständige Versicherungskaufleute oder Key-Account-Manager in einem Handelskonzern sind. Jede Zielgruppe hat andere Bedürfnisse, deshalb sollten Sie die Inhalte genau auf die jeweiligen Leser, die Sie erreichen wollen, abstimmen. Als „Köder" muss das Corporate Book dem „Fisch", also dem Leser schmecken, weniger dem „Angler", also dem herausgebenden Unternehmen.

- Versuchen Sie, Ihr Buch konsequent aus der Perspektive Ihrer Leser zu sehen und „in seine Mokassins" zu schlüpfen.

Checkliste: Ihre Leser

- Wer sollen die Leser (= Zielgruppen) Ihres Buches sein? Benennen Sie alle Zielgruppen vollständig einschließlich „Randgruppen".
- Wie werden Ihre Leser Ihr Buch voraussichtlich in ihrem beruflichen oder privaten Umfeld einsetzen oder nutzen? Bei welchen Gelegenheiten?
- Welchen Nutzen sollen bzw. könnten die Leser von der Lektüre Ihres Buches haben? Konkret: Was kann sich für sie durch die Lektüre verbessern?
- Mit welchen Informationen können Sie Ihre Leser unterstützen, weil sie sie woanders nicht finden?

Das für Ihr Buch zu erarbeitende Alleinstellungsmerkmal und auch die Leserzielgruppe sollten identisch oder zumindest weitgehend deckungsgleich mit Ihrer Positionierung auf dem Markt und Ihren Kunden sein. Es macht keinen Sinn, ein Buch als Marketing- und PR-Instrument zu publizieren, das zwar eine Marktlücke bedient, mit dem Sie aber Ihre Kunden, Interessenten und Stakeholder thematisch gar nicht erreichen.

Verkauf und Vertrieb – die Bedeutung von Verlagen

Das Buch als hochwertiges Instrument der Unternehmenskommunikation ist immer als Teil einer *langfristigen Wertschöpfungskette* zu sehen. Deshalb ist es wichtig, über das Medium Buch hinauszudenken und folgende Fragen zu beantworten:

Checkliste: Die Vermarktung

- Wie wollen Sie Ihr Buch in Ihre Unternehmenskommunikation und Ihre übrigen Medien einbinden? Hat es eine *Stand-alone*-Funktion oder soll es beispielsweise zum Aufhänger oder „Flaggschiff" einer größeren Kommunikationskampagne werden?

• Wollen Sie Ihr Buch verschenken, mit Gewinn verkaufen oder zum Selbst-
kostenpreis abgeben? Jede der drei Varianten setzt unterschiedliche Signale,
was die wahrgenommene Wertigkeit des Buches und seinen Einsatz in
der *Customer Journey* – der Entscheidungskette des Kunden vom ersten
Kontakt bis zum Kauf – angeht.

• Wollen Sie Ihr Buch selbst vermarkten (also bewerben, verkaufen und
vertreiben), oder wollen Sie es über einen Verlag und den Buchhandel vermarkten lassen? Industrie-Unternehmen bringen häufig, aber nicht immer,
ihre Bücher im Eigenverlag heraus und verkaufen und/oder verschenken
sie selbst. Bücher von Dienstleistern werden oft über Verlage verkauft und
vertrieben.

Damit ein geplanter Titel Anklang bei renommierten Verlagen findet, muss er
bestimmte Kriterien erfüllen. Denn keinesfalls ist es so, dass Verlage alle ihnen
angebotenen Corporate Books in ihre Programme aufnehmen – im Gegenteil:
Rund 95 % aller Buchprojekte werden von Verlagen abgelehnt, womit der Buchhandel als Vertriebskanal verschlossen bleibt. Gerade Dienstleister sind jedoch
auf den Buchhandel angewiesen, da sie oft selbst in ihrem eigenen Kundenumfeld
nicht genug Verkaufspotenzial haben.

Die hohe Ablehnungsquote der Verlage ergibt sich einerseits aus dem
Ungleichgewicht zwischen Angebot und Nachfrage: Die Anzahl angebotener
Buchprojekte ist schätzungsweise 10-mal höher als die Nachfrage der Verlage,
deren Publikationskapazitäten begrenzt sind. Andererseits machen Verlage ihre
Programmpolitik grundsätzlich nicht davon abhängig, welche Buchprojekte ihnen
angeboten werden, sondern legen eigenständig Buchthemen fest und akquirieren
potenzielle Autoren.

Mehr und mehr ist auch zu beobachten, das Selbstständige bzw. Solopreneure
ihre Bücher als Selfpublisher herausbringen. Optimal ist hier das von Amazon angebotene KDP-Programm, das jeder nutzen kann. Daneben bieten andere
Dienstleister wie BoD, Tredition, E-Publi, Tolino usw. die Möglichkeit, ein Buch
darüber hinaus im stationären Buchhandel verfügbar zu machen. Bedenken Sie
aber: Gleich wo Sie Ihr Buch veröffentlichen, Sie müssen es intensiv bewerben,
damit es wahrgenommen und gekauft wird.

Die Verlagsfindung ist bei vielen Buchprojekten eine der größten Erfolgs-
hürden. Eine fehlende Verlagszusage hat schon so manches Corporate Book
zum Scheitern gebracht. Damit ein Buch für renommierte Verlage attraktiv

ist, bedarf es eines ansprechenden und pfiffigen Konzeptes, denn Verlage treffen ihre Entscheidungen auf der Basis von Konzepten, nicht von „fertigen" Manuskripten.

Daher nochmals der Rat: Erarbeiten Sie zumindest Ihr Konzept mithilfe eines Corporate-Book-Profis und delegieren Sie die Verlagssuche ebenfalls an einen Profi, selbst wenn Sie die nachfolgende operative Umsetzung (vgl. Kap. 5) selbst übernehmen wollen.

4.4   Die Projektplanung

Zeitplanung und Projektdauer

Steht Ihr Konzept, so wissen Sie nun, wohin die Reise geht: Sie haben einen Kompass, der Ihnen die Richtung klar anzeigt. Die Projektplanung leitet bereits zur nachfolgenden Phase der operativen Umsetzung über und befasst sich mit den beiden wichtigen Aspekten Zeit und Geld.

Bei Corporate Books ist, genau wie bei vielen anderen Produkten und Projekten, oft der *Time-to-market-Faktor* entscheidend: Das Buch soll zu einem bestimmten Zeitpunkt oder innerhalb eines bestimmten Zeitrahmens auf den Markt kommen, z. B. anlässlich eines Events, eines Jubiläumsjahres, der Neueinführung eines Produkts, eines Relaunchs oder einer bestimmten PR-Kampagne.

Einer der häufigsten Fehler im Rahmen von Buchprojekten ist eine zu kurz greifende – um nicht zu sagen: unrealistische – Zeitplanung, die auf einer massiven Fehleinschätzung des Arbeitsaufwandes beruht. Nicht selten glauben Unternehmen oder Selbstständige, ein Buch lasse sich innerhalb von nur drei bis sechs Monaten konzipieren, schreiben, produzieren und vermarkten.

Da rufen Unternehmen im Juni bei einer Agentur an und wollen noch „eben schnell" für das Weihnachtsgeschäft desselben Jahres ein Buch in Auftrag geben. Seriöse Agenturen lehnen solche Aufträge ab. Massiv unterschätzt wird vor allem die Phase der Manuskripterstellung einschließlich inhaltlicher Recherchen,

Tab. 4.1 Dauer der Phasen eines Buchprojekts

Projektphase	Zeitdauer (ungefähre Angabe)
Konzeption und Projektplanung	2 Monate
Manuskripterstellung einschließlich inhaltlicher Recherchen und Besorgung von Bildmaterial	9 bis 12 Monate
Korrektur des Manuskripts einschließlich Freigabe(n)	1 bis 2 Monate
Produktion (Layout, Covergestaltung, Druck, Bindung)	3 bis 4 Monate
Vermarktung (Werbung und PR für das Buch)	3 bis 6 Monate
Insgesamt	**18 bis 26 Monate**

Bildauswahl, Korrekturen und Freigaben. Eines der größten Probleme beim missglückten Jubiläumsband der Charité (vgl. Abschn. 4.1) war, dass man dem Autor einen unrealistischen Zeitrahmen für die Erarbeitung des Manuskripts gesetzt hatte, was dieser mangels Erfahrung mit Corporate Books nicht einschätzen konnte.

Die Tab. 4.1 gibt eine Übersicht über die Dauer der verschiedenen Phasen im Rahmen eines Buchprojektes, wobei von einem „durchschnittlichen" Buch ausgegangen wird.

Um ein Buch zu publizieren, sollten Sie durchschnittlich etwa anderthalb Jahre bis zum Erscheinen auf dem Markt kalkulieren. Auch wenn Ihnen dies lang erscheint, so haben Sie den Vorteil, dass das Werk über mehrere Jahre in der Unternehmenskommunikation eingesetzt werden kann. Es ist bedeutend langlebiger als alle übrigen Medien, bleibt nicht selten 5 bis 10 Jahre, manchmal sogar länger, auf dem Markt und kann mehrere Auflagen erleben.

Folgende Umstände können dazu beitragen, dass der in der Tab. 4.1 angegebene Zeitrahmen nicht ausreicht:

- Das Buch hat mehr als die üblichen 200 Seiten Umfang.
- Es müssen umfangreiche Recherchen für den Buchinhalt angestellt werden, weil z. B. für eine Jubiläumsschrift über die Geschichte des Unternehmens noch kein Archiv existiert und Bildmaterial oder Textquellen nur mühsam zu beschaffen sind.
- Das Buch ist ein Mehrautorenwerk, sodass die Beiträge vieler Autoren koordiniert und lektoriert werden müssen.

- Das Buch enthält viele Interviews oder muss von mehreren unterschiedlichen Stellen im Unternehmen freigegeben werden, sodass sich die Freigabeprozedur nach der Fertigstellung des Manuskripts und vor der Produktionsphase in die Länge zieht. Nicht selten dauert allein die Freigabe des Textes bei großen Unternehmen einige Monate, weil mehrere Freigabeinstanzen auf unterschiedlichen Hierarchieebenen involviert sind.

Soll das Buch von einem Verlag in sein Programm aufgenommen werden, so sollten Sie einkalkulieren, dass Verlage nach Eingang des fertigen Manuskripts meist 4 bis 6 Monate brauchen, bis sie das Werk auf den Markt gebracht haben. Dementsprechend muss in einem sehr frühen Projektstadium mit der Verlagssuche begonnen werden, am besten unmittelbar nach der Konzeptentwicklung und bevor mit der Manuskripterstellung begonnen wird.

Nicht zuletzt sollten Sie auch bedenken, dass ein Buch, sobald es auf dem Markt erschienen ist, eine Anlaufphase benötigt, bis es von der Öffentlichkeit und dem potenziellen Lesepublikum wahrgenommen wird. In der obigen Tabelle einkalkuliert sind die Vorlaufzeiten, die Medien benötigen, bis sie Buchbesprechungen, Artikel usw. publizieren können.

In der Phase der Projektplanung wird weiterhin entschieden, wer welche Aufgaben übernimmt. Wenn Sie das komplette Projekt an externe Buch-Dienstleister delegieren, sollten Sie im eigenen Hause einen zuständigen Ansprechpartner festlegen, der als „Zubringer" für Informationen zur Verfügung steht, Fragen beantwortet und erforderliche Kontakte herstellt (vgl. Abschn. 4.1).

Finanzierung und Refinanzierung des Buchprojekts

Bücher rechnen sich oft nicht, zahlen sich aber aus – in diese einfache Formel könnte man die finanzielle Seite von Buchprojekten kleiden. Generell sollten Sie im Auge behalten, dass der *Return on Invest* von Corporate Books weniger im materiellen als im immateriellen Bereich liegt: im Imagegewinn, in der Markenstärkung, der Steigerung der Bekanntheit, der Kundenbindung und der langfristigen Präsenz. Das ist nicht anders als bei regulärer Presse- und Öffentlichkeitsarbeit auch.

Ihr Buch soll eine Premium-Funktion in Ihrer Unternehmenskommunikation einnehmen. Daher ist es erforderlich, ein angemessenes Budget einzuplanen, das dem Stellenwert des Corporate Book gerecht wird und sich an den üblichen Honoraren für Corporate-Book-Dienstleistungen orientiert; diese Honorare sind mit denen von PR-Leistungen vergleichbar.

Um einen Richtwert zu geben: Umgerechnet auf den Seitenpreis eines Buches bewegen sich die Honorare im dreistelligen Euro-Bereich, bei Industrie-Unternehmen oft im vierstelligen Euro-Bereich. Mittelständische und Industrie-Unternehmen kalkulieren nach einer Studie des Forum Corporate Publishing (jetzt „Content Marketing Forum") 120.000 bis 250.000 EUR für eine Buchpublikation ein. Kleine Unternehmen und Solopreneure kommen mit einem Drittel dieser Summe aus.

Mögen die Investitionskosten auf den ersten Blick hoch erscheinen, so sollte man sich doch klarmachen: Die Opportunitätskosten des „Selbermachens" liegen meist höher. Wird das Buch in Eigenregie vom Unternehmen realisiert, so müssen Personalkosten, gemessen in Gehältern oder in Tagessätzen, gegengerechnet werden. Das setzt voraus, Mitarbeiter über einen längeren Zeitraum für ein Buchprojekt freizustellen und in dieser Zeit auf Auftragsabwicklung und Umsatz zu verzichten. Das gilt genauso für Selbstständige, wenn diese ihr Projekt selbst realisieren wollen und kein Sabbatical einplanen können.

Im Vergleich zu anderen Kommunikations- und Werbeinstrumenten sind die Kosten für Bücher eher niedrig. Anzeigenwerbung beispielsweise ist erheblich teurer und weniger wirkungsvoll, weil es hohe Streuverluste gibt. Und Werbebroschüren, die von Werbeagenturen komplett erstellt werden, kosten bei einem Umfang von nur 10 bis 25 Seiten oft schon genauso viel wie ein Buch von 150 bis 200 Seiten.

Die Herstellungskosten für ein Buch (Layout und Druck) werden fast immer *über*schätzt, während die Honorare für Projektbetreuung, Konzeptentwicklung, Texterstellung usw. massiv *unter*schätzt werden. Die für die Buchentwicklung erforderlichen Dienstleistungshonorare betragen oft das 8- bis 15-Fache der Produktionskosten. Die „materielle" Herstellung von Produkten aller Art ist heute generell nicht mehr teuer; das trifft auf Bücher genauso zu wie auf Industrieprodukte vieler Branchen.

Im Unterschied zu anderen PR-Medien gibt es bei Corporate Books mehrere Möglichkeiten zu einer (teilweisen) **Refinanzierung:**

- **Sponsoring:** Ein oder mehrere Sponsor(en) beteiligen sich an den Kosten des Buchprojekts, z. B. der Produktion, der Manuskripterstellung oder des Marketings. Der Sponsor profitiert im Gegenzug vom Buch, seinem Inhalt und seinem Wert. Er wird z. B. im Buch vorgestellt oder auf dem Cover nament-lich genannt. **Erlöse aus dem Verkauf:** Sowohl über den Eigenverkauf als auch über die Tantiemen (Autorenhonorare) beim Verkauf über einen Verlag fließen Gelder zurück.

- **Einnahmen aus Folgegeschäften:** Insbesondere Dienstleister können über ihre Bücher häufig neue Aufträge akquirieren (Abschn. 3.2). Schon mit wenigen Aufträgen, die durch „überzeugte Buchleser" zustande kommen, kann sich die Investition in ein Buchprojekt amortisiert haben. Dienstleister sind es auch, die häufig nach der Publikation eines Buches nach außen deutlicher als Experten wahrgenommen werden und deshalb ihre Tagessätze erhöhen können.

- **Mehrfachverwertung:** Der Inhalt des Buches lässt sich über das Print-medium selbst hinaus vielfach nutzen. Bücher sind wahre „Content-Pools". Sie enthalten meist so viel Stoff, dass sich daraus mühelos – mit gerin-gem Aufwand und in großer Stückzahl – Presseartikel, E-Mail-Newsletter, kurze E-Books, Blog-Beiträge, Fachartikel, Broschüren, Vorträge und Prä-sentationen usw. generieren lassen. So lässt sich die „PR-Maschine" eines Unternehmens über mehrere Jahre mit den einmal für ein Buch erstellten Inhalten „füttern", die dann in kleineren „Informationshäppchen" in unter-schiedliche Online- und Printkanäle eingespeist werden. Der für das Buch geleistete Aufwand erspart somit Zeit und Geld bei weiteren Maßnahmen der Unternehmenskommunikation.

Vom Blog zum Buch oder umgekehrt

Noch immer wird viel zu wenig die mögliche Verbindung zwischen einem Blog auf der eigenen Website und einem Buch gesehen, obwohl gerade hier große Chancen der Mehrfachvermarktung bestehen, die in erheblichem Maße Zeit und Geld sparen. So lässt sich ein umfangreiches Buch von 200 oder mehr Seiten problemlos zu 100 bis 200 kurzen Posts umarbeiten, mit denen ein Blog und diverse Social-Media-Kanäle über zwei Jahre oder länger gefüllt werden können. Der Vorteil besteht darin, dass die Inhalte bereits für das Buch recherchiert wurden und daher nicht mehr neu zusammengetragen werden müssen – eine enorme Zeitersparnis. Der Content muss lediglich hinsichtlich Textlänge und Komplexität für einen Blog angepasst und in zahlreiche kurze Posts umformuliert werden – eine Aufgabe, die auch ein externer Dienstleister übernehmen kann.

Das Umgekehrte ist ebenfalls möglich: Wer schon zwei oder drei Jahre lang Blog-artikel publiziert, hat damit einen inhaltlichen Grundstock für ein Buch geschaffen. Mit ein wenig Zusatzrecherche und textlichen Ergänzungen ist es dann möglich, aus den Blogposts ein ganzes Buch zu machen (vgl. Klug 2022) und den eigenen Expertenstatus damit nochmals aufzuwerten.

Die Umsetzung: Ihr Buch entsteht 5

5.1 Der Buchinhalt

Haben Sie Ihr Buchprojekt konsequent strategisch eingefädelt, so sollte die Umsetzung unter Einhaltung des Zeitplans mühelos gelingen. Wesentlich für die Projektsteuerung ist die zeitliche Taktung der unterschiedlichen Projektphasen: Manche Arbeitsschritte müssen unbedingt nacheinander ablaufen, z. B. Konzeptentwicklung und Manuskripterstellung, andere wiederum sollten, um Zeit zu sparen, parallel vonstattengehen, so die Texterstellung und die Beschaffung oder Entwicklung von Abbildungen, ebenso später die Produktion und das Anlaufen des Buchmarketings.

Der Text

Mit der Qualität des Buchtextes steht oder fällt der gesamte Bucherfolg. Häufig machen sich Unternehmen dies nicht klar, weil sie sich so sehr auf das Äußere des Buches, den optischen und haptischen Eindruck, konzentrieren, dass sie dabei das Wichtigste übersehen: Leser kaufen ein Corporate Book nicht um seiner „Verpackung" willen, sondern um des Inhalts willen. Sie kaufen ein Buch, weil Ihnen die „Verpackung" (Cover und Titel) gefällt, aber der Inhalt muss ein gegebenes Nutzenversprechen einhalten. Ansonsten wird das Buch als „Mogelpackung" empfunden und die verärgerten Leser verschaffen sich mit schlechten Onlinerezensionen Luft. Daher sollten Sie gerade an den redaktionellen Leistungen nicht sparen. Der von Ihnen ausgewählte Autor (oder die Autoren) muss teils journalistische, teils schriftstellerische Qualitäten mitbringen und vor allem im Verfassen von Büchern geübt sein, darf also mit dem Umfang eines Buches von ca. 150 bis 200 Seiten nicht überfordert sein; auch muss er gewisse Kenntnisse im Urheberrecht haben. Das Buch von einem „Sonntagsschreiber" texten zu lassen, der keine Routine im Verfassen von

S. U. Klug, *Corporate Books*, essentials, https://doi.org/10.1007/978-3-658-42983-6_5

Büchern mitbringt, ist ein großes Risiko für ein Corporate Book (vgl. Abschn. 4.1), das als Premiuminstrument einen hohen Qualitätsmaßstab anlegt.

> Der Buchtext sollte für den Leser leicht verständlich sein, gut informieren oder unterhalten – mit einem Wort: Die Lektüre sollte dem Leser gefallen. Um dies zu erreichen, bedarf es einer abwechslungsreichen Darstellungsweise: Verschiedene Textsorten wie Berichte, Erklärungen, Reportagen, Anekdoten, Interviews, Best-Practice-Beispiele usw. sollten sich gekonnt abwechseln. Storytelling spielt dabei eine wichtige Rolle, und zwar nicht nur in Jubiläumsschriften, sondern auch in Sach- und Fachbüchern, die komplexe Themen behandeln. Mit den geeigneten Stilmitteln lässt sich ein Spannungsbogen über das gesamte Buch aufrechterhalten, der den Leser immer wieder ins Buch zieht.

Auf dem Buchmarkt ist zu beobachten, dass sich langfristig nur Bücher halten, deren Lektüre – unabhängig von der Komplexität des Themas – Spaß macht, die die Leser begeistern und jene Mundpropaganda der Weiterempfehlung auslösen, die für einen steten Nachschub an neuen Lesern sorgt. Das ist bei jedem Thema möglich, auch bei „schwierigen" Fachthemen. Schlecht geschriebene Bücher hingegen werden oft negativ rezensiert (vor allem bei Amazon.de) und erreichen viel weniger Leser. Schlimmer noch: Leser schließen von der mangelnden Qualität eines Buches unbewusst auf die mangelnde Qualität des Unternehmens, der Dienstleistung des Autors oder seiner Produkte (z. B. Onlinekurse), selbst wenn dies nicht zutrifft.

Die Bebilderung
Auf eine gute Bebilderung legen Leser in wachsendem Maße Wert, und zwar nicht nur bei Jubiläumsbänden, die natürlich durch historische Fotos gewinnen, sondern auch bei Titeln, die als Fachbücher eher spröde Themen aus dem betriebswirtschaftlichen Umfeld behandeln. Bilder sollten nutzwertig sein und zum Thema beitragen. Enthält ein Buch hingegen 20 oder 30 Bilder des Autors „in allen Lebenslagen", so ist dies in den Augen von Lesern nicht nutzwertig, sondern wirkt eitel. Es genügen ein bis zwei Autorenfotos. Infrage kommen folgende Quellen für Abbildungen:

- Unternehmenseigene Abbildungen – von Powerpoints bis zu diversen Grafiken und Fotos.

- sogenannte Stockfotos, die sich bei Bildagenturen erwerben lassen; mittlerweile gibt es zu allen nur erdenklichen Themen eine große Auswahl an Abbildungen, und das sehr preisgünstig,
- Karikaturen und Zeichnungen, die Sie von einem Grafiker oder Karikaturisten anfertigen lassen können,
- Fotos, mit deren Erstellung Sie einen Fotografen beauftragen,
- mittels KI erstellte Bilder, die allerdings derzeit noch unter teilweise ungeklärten Urheberrechten leiden und daher nur unter Vorbehalt empfohlen werden können.

Beachten Sie bei Bildern das Urheberrecht! Verwenden Sie nicht wahllos Fotos, die Sie irgendwo im Internet finden. Für die meisten Abbildungen müssen Sie eine Abdruckgebühr an die Rechte-Inhaber zahlen, die allerdings in vielen Fällen niedrig ist.

5.2   Die Produktion

Die Ausstattung

Die Frage der Bebilderung berührt auch die Frage der Ausstattung des Buches: Soll es ein-, zwei- oder vierfarbig werden? Vierfarbigkeit lohnt sich nur bei einer großen Anzahl von Fotos, doch Zweifarbigkeit lässt auch eher textlastige und wenig bebilderte Sach- und Fachbücher gewinnen.

Zur Ausstattung gehören weiterhin Format, Papier und Cover (Einband) des Buches, daneben auch Möglichkeiten der Druckveredelung.

Die Wahl des Formats, verbunden mit der Wahl des Papiers, ist eine nicht unbedeutende Entscheidung und setzt beim Leser Signale, wie er das Buch wahrnehmen soll und wird:

- Ein **Pocket-Buch** im Format von ca. 11- bis 12-mal 16 bis 17 cm ist klein, handlich, von geringem Seitenumfang (maximal 100 Seiten) und meist innerhalb einer Stunde lesbar. Es ist eine praktische „Handreichung", die einen schnellen Überblick über ein Thema vermittelt.
- Ein **Taschenbuch** im Format 11- bis 13-mal 17 bis 19 cm lässt prinzipiell alle Inhalte in jedem Umfang zu und signalisiert durch seinen Einband, dass es „preiswert" ist.
- Der **Hardcover** im üblichen Format mit ca. 16- bis 17-mal 23 bis 24 cm eignet sich ebenfalls für Inhalte jeder Art und signalisiert „Hochwertigkeit".
- Das **Coffee-Table-Book** ist ein großformatiges Buch (DIN-A4-Format oder größer), bei dem Text und Bild der gleiche Rang zukommt. Es ist nicht nur zum

Lesen, sondern auch zum Anschauen, Blättern und Genießen gedacht. Jubiläumsbücher werden fast immer in diesem Großformat publiziert, aber auch das eine oder andere Buch eines Dienstleistungsunternehmens.

Hardcover bieten eine Reihe von Varianten: Sie können mit oder ohne Schutzumschlag herausgebracht werden, und der Einband kann aus Pappe, aber auch aus Leinen oder Leder bestehen. Industrie-Unternehmen bringen einen Buchtitel manchmal in unterschiedlichen Ausstattungen auf den Markt: Eine edle Lederausgabe dient als Geschenk für besondere Geschäftspartner; daneben gibt es eine einfachere Paperback-Ausgabe, möglicherweise auch mit einem gekürzten Inhalt, die über den Buchhandel oder den unternehmenseigenen Museumsshop verkauft wird. Über die Ausstattung kann also eine Differenzierung nach unterschiedlichen Zielgruppen geschaffen werden.

Neben den gängigen Ausstattungsvarianten gibt es eine Reihe von Druckveredelungstechniken, die für das Cover oder den Buchkörper eingesetzt werden können, z. B. UV-Lack, Reliefprägung, Leuchtlackierung, Konturstanzung, Textilbeflockung, Metalliceffekte, Schnittveredelung. Die drucktechnischen und gestalterischen Möglichkeiten sind heute nahezu unbegrenzt, und auch die Kosten für Sonderwünsche halten sich in einem vertretbaren Rahmen.

Eine ausgefallene Buchausstattung muss begründet sein und darf nicht als bloße Effekthascherei daherkommen, um einen eher dürftigen Inhalt schmuckvoll zu verpacken. Denken Sie bereits in der Planungsphase daran, dass besondere Ausstattungswünsche den Produktionszeitraum verlängern können, sodass der Erscheinungstermin des Buches angepasst werden muss.

Das Layout

Das Layout – der „Satz", wie man im vordigitalen Zeitalter noch zu sagen pflegte –, bezieht sich auf das Cover, also das Äußere, und den Buchkörper, also das Innere des Buches. Bringen Sie Ihr Buch im Eigenverlag oder als Selfpublisher heraus, so ist es ein Leichtes, hier in der Farb- und Schriftwahl eine Übereinstimmung mit Ihrem Corporate Design herzustellen. Bringen Sie Ihr Buch in einem Verlag heraus, so bestimmt dieser das Layout und gestaltet es oft in Einklang mit der eigenen Corporate Identity. In vielen Fällen ist es jedoch möglich, bei der Covergestaltung Elemente Ihres Corporate Designs einfließen zu lassen.

Das Layout sollte den Leser ansprechen, indem es Blickfänge einbaut, bei denen das Auge „verwöhnt" wird mit der optischen Hervorhebung herausragender Textelemente und mit Bildern. *Eyecatcher* wirken als visuelle Orientierungspunkte und ermöglichen es, wichtige Inhalte (wie Zusammenfassungen, Marginalien, Kernaussagen, Checklisten, Tabellen, Übersichten) bereits „mit einem Blick" zu erfassen, ohne alles Satz für Satz gelesen zu haben. Solche Layoutelemente müssen bereits in der Phase der textlichen Manuskripterstellung mitberücksichtigt und festgelegt werden, damit sie nachher im Layout umgesetzt werden können.

Es versteht sich von selbst, dass Sie das Layout ebenso Profis überlassen wie das Verfassen des Textes. Verzichten Sie auf Eigenversuche am PC mit dafür ungeeigneter Software! Grafiker und Setzer haben Layouten gelernt und wissen, wie man Bücher optimal für das Auge des Lesers aufbereitet. Wählen Sie ein geeignetes Satzstudio aus.

Druck und Bindung

Wenn Sie Ihr Buch im Eigenverlag oder als Selfpublisher herausbringen, versuchen Sie, vorab so präzise wie möglich die Auflagenhöhe zu kalkulieren. Bei Jubiläumspublikationen lässt sich die Anzahl der Stakeholder oft relativ genau abschätzen, wenn entsprechende Verteiler bzw. Adresslisten vorliegen. Wird Ihr Buch in einem Verlag publiziert, so brauchen Sie sich darum nicht zu kümmern, denn der Verlag übernimmt die gesamte Produktion einschließlich Layout, Druck und Bindung.

Können Sie die Auflagenhöhe nicht realistisch abschätzen, so lassen Sie im Zweifelsfall lieber eine zu kleine als eine zu große Auflage drucken. Selbst Mini-Auflagen von unter 100 Exemplaren sind heute bereits preisgünstig zu bekommen. Lässt sich nach einer anfänglichen Testphase die Höhe der benötigten Auflage genauer einschätzen, so können Sie problemlos nachdrucken lassen. Umgekehrt bindet jedoch eine zu hohe Auflage, die sich nur sehr langsam abverkauft, unnötiges Kapital und benötigt manchmal kostenpflichtigen Lagerplatz.

Eine spezielle Variante des Druckverfahrens ist der *On-Demand-Druck*. Das bedeutet, Ihr Buch wird als Datensatz gelagert und immer erst dann gedruckt und gebunden, wenn eine Bestellung eingegangen ist. Dieses moderne Druckverfahren entspricht der *Just-in-time-Produktion*, die inzwischen in den meisten Industrie-Branchen üblich ist.

Kostenvoranschläge von unterschiedlichen Druckereien können Sie während der Layoutphase einholen; teilweise wird dies auch von Satzstudios als Dienstleistung mit angeboten. Auf der anderen Seite gibt es auch Druckereien, die das Layout hausintern übernehmen können. Mittlerweile existiert eine Reihe preiswerter und guter Druckereien im Ausland, doch achten Sie darauf, dass die Transportkosten nicht höher als die Druckkosten sind, sodass eventuelle Preisvorteile dadurch zunichte gemacht werden.

Distribution und Auslieferung

Nach Abschluss der Produktionsphase werden Ihre Bücher fertig gedruckt vorliegen. Gibt es eine große Anzahl von Lesern, denen Sie das Buch zuschicken wollen, so müssen Sie, sofern Ihr Buch nicht in einem Verlag publiziert wird, den Versand organisieren und damit gegebenenfalls Dienstleister, wie z. B. Mailversender, beauftragen. Auch muss geklärt werden, wie langfristig mit Buchbestellungen umzugehen ist: Wer übernimmt die Bearbeitung der Bestellungen, den Versand und die Fakturierung? Wenn Sie das nicht selbst machen wollen, bietet es sich an, dies von einer Verlagsauslieferung übernehmen zu lassen, die im Auftrag von Verlagen Buchhandlungen und andere Besteller beliefert. Manche Auslieferungen nehmen auch kleinere Eigenverlage als Kunden an. Publizieren Sie Ihr Buch über Amazon-KDP oder über einen der anderen Dienstleister (wie BoD, Tredition, Tolino, E-Publi usw.), so übernehmen diese Fakturierung und Versand, im Printing-on-Demand-Verfahren z. T. auch den Druck.

5.3   Die Vermarktung

Ein Corporate Book, das nicht vermarktet wird, ist wie ein Schiff ohne Motor: Es kommt kaum von der Stelle und kann sich nur ziellos im Wasser treiben lassen – selbst dann, wenn es sich um den schönsten Luxusdampfer handelt. Unerlässlich für den Erfolg ist es daher, dass Sie Ihr Buch in den Medien promoten.

In der Konzeptphase haben Sie bereits die Eckdaten für die Vermarktung Ihres Buches festgelegt. Sie wissen also, wie und auf welchen Kanälen Sie Ihr Buch nach Erscheinen publik machen wollen, sofern Sie nicht die Auflage komplett verschenken, sondern auch verkaufen wollen. Starten Sie mit dem Marketing für Ihr Buch schon zu Beginn der Produktionsphase, also wenn Ihr Buch gelayoutet wird, nicht erst, wenn es auf dem Markt ist. Auf diese Weise verkürzen Sie die Anlaufphase des Marketings und können bereits erste Bestellungen vorab sammeln.

Grundsätzlich infrage kommen folgende Wege bzw. **Kanäle der Vermarktung:**

- **Marketing:** Print- und Online-Anzeigen (Google- und Amazon-Ads) für Ihr Buch auf Websites, Postings in Social-Media-Kanälen, Gewinnspiele und Verlosungen, Auslegung von Werbeflyern, Vorstellung des Buches in E-Mail-Newslettern, Direktmarketing per Werbebrief
- **Public Relations:** Buchbesprechungen in Print- und Onlinemedien, Fach- und Presseartikel zu einzelnen Themen des Buches, Interviews mit dem Autor, Blog-Artikel
- **Buchbegleitende Medien:** Hörbücher, Podcasts und Videos, vor allem auf YouTube, sowie Social-Media-Posts und Blogartikel auf der eigenen Website
- **Live-Veranstaltungen:** die Vorstellung des Buches bei besonderen Events, z. B. bei Roadshows, bei Präsentationen und Vorträgen, bei Autorenlesungen, auf Messen, bei Workshops und in Seminaren.

Die Möglichkeiten der Vermarktung und Bewerbung haben in den letzten Jahren durch das Internet rapide zugenommen. Es gibt eine steigende Anzahl von Kanälen, Plattformen und Marktplätzen. Doch ist es nicht sinnvoll, alles zu machen, was machbar ist, denn das führt schnell zur Verzettelung und strapaziert das Budget übermäßig. Gehen Sie auch bei der Vermarktung strategisch vor: Konzentrieren Sie sich in erster Linie auf die vielversprechendsten Kanäle. Holen Sie mit Ihren Werbemaßnahmen Ihre potenziellen Leser und Buchkäufer da ab, wo sie stehen.

Marketing sowie Presse- und Öffentlichkeitsarbeit

Ideal ist, wenn Sie Marketing und PR *kontinuierlich und zeitversetzt* über mehrere Jahre hinweg betreiben und nicht nur dann, wenn Ihr Corporate Book gerade frisch erschienen ist. So setzen Sie immer wieder neue Kaufimpulse, anstatt es bei einem Einmal-Marketing zu belassen.

Binden Sie Ihr Buch bei jeder sich bietenden Gelegenheit in Ihre Unternehmenskommunikation mit ein, indem Sie auf seine Existenz hinweisen. Das muss
durchaus nicht immer marktschreierisch geschehen, sondern kann auch beiläufig
sein. Der Grundtenor Ihrer Werbung sollte nicht sein: „Wir, die Firma XY, haben
ein Buch herausgegeben", sondern leser- bzw. themenorientiert: „Mit unserem
Buch erfahren Sie, wie Sie Problem XY lösen können" oder „… noch mehr
bekommen von …", „mit diesem Buch gewinnen Sie an …". Es gilt also, den
Nutzen hervorzuheben, und das darf durchaus werblich formuliert sein.

Zum unverzichtbaren „Minimal-Marketing" gehören folgende Maßnahmen:

- Stellen Sie Ihr Buch auf Ihrer Firmen-Website unter einem speziellen Menü-
  punkt „Publikationen" mit der Cover-Abbildung und einer Inhaltsangabe vor.
  Bieten Sie am besten auch eine Bestellmöglichkeit per E-Mail oder per Link
  zu einem Ihnen sympathischen Webshop an, in dem es gelistet ist. (Falls Sie
  einen eigenen Webshop haben, gehört es natürlich dort hinein.)
- Lassen Sie einen Werbeflyer mit Bestellschein in einer größeren Stückzahl
  drucken, um ihn z. B. auf Messen, bei Kongressen, bei Vorträgen usw. breit
  zu streuen und bei Werbe- oder Produktaussendungen beizulegen.

Print- und Online-Zeitschriften, in denen Sie Ihr Buch vorstellen wollen, sollten
Sie nicht nur mit dem Klappentext und der Cover-Abbildung versorgen, sondern
z. B. auch mit Hintergrundberichten, Interviews mit dem Autor, einem Unter-
nehmensporträt und mit erstklassigem Bildmaterial. Ein aufschlussreicher und
gut geschriebener Fachartikel, in dem Ihr Buch möglicherweise nur am Rande
erwähnt und mit einer kleinen Cover-Abbildung gezeigt wird, kann oft eher einen
Kaufimpuls auslösen als eine produktbezogene Buchbesprechung von wenigen
Zeilen.

Buchbegleitende Medien

Eine zusätzliche Publikation eines Printbuches als E-Book ist heute selbstverständlich. Zusätzlich können Sie Ihr Buch als Hörbuch herausbringen. Ist Ihre Klientel
wenig leseaffin, so ist die parallele Herausgabe als **Hörbuch** (auf CD bzw. als Pod-
cast) unbedingt empfehlenswert. Das Hörbuch können Sie zeitversetzt, z. B. ein Jahr
nach dem Printbuch, auf den Markt bringen und damit nochmals die Gelegenheit
zu einem öffentlichkeitswirksamen Auftritt nutzen.

Manche Unternehmen möchten ihr Corporate Book ausschließlich als **E-Book** und gar nicht mehr als Printbuch herausbringen, doch davon ist abzuraten. Sie wollen Ihr Buch als Premium-Instrument nutzen, und dementsprechend muss es auch äußerlich hochwertig sein. Eine reine Datei jedoch – und nichts weiter ist ein E-Book – macht keinen repräsentativen Eindruck. Sie lässt sich nicht persönlich im Gespräch überreichen und wird von Lesern auch nicht als „hochwertig" eingeschätzt oder wahrgenommen, sondern hat lediglich den Charakter eines nützlichen „Tools". Zudem wächst der E-Book-Markt seit 20 Jahren nur langsam und macht etwa 6 % des gesamten Buchmarktes aus. Die überwältigende Mehrheit der Leser liest nicht am Bildschirm, sondern möchte ein Buch in der Hand halten. Empfehlenswert ist es jedoch, wenn Sie *zusätzlich* zur Print-Ausgabe Ihres Corporate Book eine E-Book-Ausgabe als „Service" für Ihre Leser anbieten.

Sehr erfolgreich sind Filme zu Themen des Buches, die auf YouTube verbreitet werden. Autoren, die eine hohe Bekanntheit im Web haben, können ihre Bücher häufig zu Bestsellern machen. Beschränken Sie sich in den Videos nicht auf „Werbung", sondern geben Sie nutzwertige Informationen. Ein kurzer Link, wo das Buch gekauft werden kann, am Ende des Films sowie im Beschreibungstext unterhalb des Videos genügen. Verbreiten Sie Ihre Videos (und gegebenenfalls Podcasts) auf verschiedenen Plattformen im Internet.

Live-Veranstaltungen
Live-Veranstaltungen sind die Krönung der Unternehmenskommunikation. Durch persönliche Teilnahme lassen sich Menschen am meisten für eine Sache begeistern und mobilisieren. Industrie-Unternehmen gestalten vielfach ihre eigenen Live-Events, beispielsweise im Rahmen einer Jubiläumsfeier. Dienstleister sind meist keine Veranstalter, sondern Teilnehmer und Mitgestalter von Live-Events, die von anderen organisiert werden. Beides lässt sich gleichermaßen gut für das Promoten eines Buches nutzen.

Ziel von Live-Veranstaltungen ist es vor allem, für emotionale Erlebnisse zu sorgen. Das lässt sich durch Vorträge, Präsentationen, Messeauftritte und Autorenlesungen in Buchhandlungen ideal bewerkstelligen. Machen Sie jedoch aus Ihrer Live-Veranstaltung keine nervige „Verkaufsshow" für Ihr Buch (im Stil des Push-Marketings), sondern sorgen Sie dafür, dass das Thema des Buches und damit auch der Nutzen für Ihre Zuhörer im Vordergrund steht (Pull-Marketing). Es genügt, wenn

Sie am Ende der Veranstaltung auf Ihr Buch hinweisen, es an geeigneter Stelle samt Werbeflyern auslegen und gegebenenfalls, sofern möglich, zum Verkauf anbieten.

Die nächsten Projekte

Mit der gelungenen Vermarktung endet unsere Reise durch die Entstehung eines Corporate Book. Und was kommt danach? Das nächste Projekt in Ihrer Unternehmenskommunikation sollte nicht unbedingt ein Buch sein. Doch empfehle ich Ihnen zu schauen, wie Sie das bei Ihren Lesern geweckte Interesse in weitere Aktivitäten oder Medienprodukte – und damit in langfristige Aufmerksamkeit – ummünzen können. Nutzen Sie Ihr Buch als Basis für Ihr weiteres Content-Marketing.

Was Sie aus diesem *essential* mitnehmen können

- Corporate Books sind hochwertige und langlebige Instrumente der Unternehmenskommunikation. Sie dienen unter anderem der Imagepflege, der Steigerung des Bekanntheitsgrades, der Kundenbindung, der Markenstärkung und dem Aufbau eines Expertenstatus.
- Niemals dürfen Corporate Books „getarnte Werbebroschüren" sein, die mit oberflächlichen und trivialen Werbeaussagen spezielle Produkte oder das Unternehmen selbst anpreisen! Für Product-Placement und Schleichwerbung haben Leser kein Verständnis, denn sie betrachten Bücher nach wie vor als Kulturgüter. Auch die Presse reagiert auf Werbung in Unternehmensbüchern sehr kritisch. Bücher, die nur „Werbung" für andere Produkte transportieren, verfehlen ihre Wirkung, führen zu einem schnellen und steilen Abfall der Verkaufszahlen sowie zum Image- und Vertrauensverlust in Autor oder Unternehmen.
- Corporate Books haben einen hohen Aufmerksamkeitswert bei Lesern und gelten als etwas Besonderes, sofern ihre Inhalte attraktiv und nutzwertig sind, sie lesergerecht geschrieben und ansprechend gestaltet sind sowie gut vermarktet werden.
- Bei der Realisierung von Unternehmensbüchern ist unbedingt darauf zu achten, nicht einfach mit dem Schreiben des Textes loszulegen, sondern zuerst die Strategie für das gesamte Buchprojekt zu erarbeiten. Vor allem müssen die mit dem Buch zu erreichenden Ziele, das Budget, die Leserschaft, ihr Nutzen und der Vermarktungsweg vorab festgelegt werden.

© Der/die Herausgeber bzw. der/die Autor(en), exklusiv lizenziert an Springer Fachmedien Wiesbaden GmbH, ein Teil von Springer Nature 2023
S. U. Klug, *Corporate Books*, essentials,
https://doi.org/10.1007/978-3-658-42983-6

- Nur die wenigsten Unternehmen haben das Know-how und die Kapazitäten, Buchprojekte komplett in Eigenregie zu realisieren. Es empfiehlt sich die Zusammenarbeit mit spezialisierten Buch-Dienstleistern, die mit der Betreuung von Corporate Books vertraut sind und Projekte in allen Phasen steuern können.

Literatur

Klug, Sonja Ulrike (2002) Ein Buch ist ein Buch ist ein Buch. Der erfolgreiche Weg zum eigenen Sachbuch. Orell Füssli, Zürich

Klug, Sonja Ulrike (2010) Unternehmen von der schönsten Seite. Corporate Books für PR und Marketing. mi-Wirtschaftsbuch, München

Klug, Sonja Ulrike (2011) Mit dem Charakter des Außergewöhnlichen. Wie Corporate Books als exklusive Medien die Unternehmenskommunikation beflügeln. INDUKOM – Industrie und Kommunikation im Dialog 2:76–79

Klug, Sonja Ulrike (2014) „Corporate Books gehören zur Königsklasse der Unternehmenskommunikation." www.agitano.com. Veröffentlicht: 29. Aug 2014

Klug, Sonja Ulrike (2020) Konzepte ausarbeiten. Tools und Techniken für Pläne, Berichte, Bücher und Projekte, 9. Aufl. Businessvillage, Göttingen

Klug, Sonja Ulrike (2022) Wirkungsvolle Online-PR. Mehr Sichtbarkeit und höhere Reichweite für Ihre Angebote im Internet. Kluges Verlag, Bad Honnef

o.Verf. (2010) „Königswege der Unternehmenskommunikation." www.ip-mittelstand.de. Zugegriffen: 31. Dez 2010

Rupp, Thomas (2010) „Glaubwürdiger als Werbung … Dr. Sonja Klug produzierte über 165 Unternehmensbücher." Strategie-Report 3/2010, S 1

Rupp, Thomas (2010) „Unternehmen von der schönsten Seite. Corporate Books in PR und Marketing." Strategie-Journal 4/2010, S 18

Stephan, Michael, Gross, Peter-Paul, Hildebrandt, Norbert (2010) Management von Coaching. Organisation und Marketing innovativer Personalentwicklungsdienstleistungen. Kohlhammer, Stuttgart

© Der/die Herausgeber bzw. der/die Autor(en), exklusiv lizenziert an Springer Fachmedien Wiesbaden GmbH, ein Teil von Springer Nature 2023
S. U. Klug, *Corporate Books*, essentials,
https://doi.org/10.1007/978-3-658-42983-6

Im *essential* vorgestellte Unternehmensbücher

Betschart, Michael (2012) Ich weiß, wie du tickst. Wie man Menschen durchschaut, 5. Aufl. Orell Füssli, Zürich

James, Harold (2003) Die Deutsche Bank im Dritten Reich. Beck, München

Rodermond, Marco (2021) Erfolgsfaktor Lean Leadership. Wege zu flexiblen und effizienten Prozessen. Schäffer-Poeschel, Stuttgart

Scheib, Asta (2019) Eine Zierde in ihrem Hause. Die Geschichte der Ottilie von Faber-Castell. 25. Aufl. Rowohlt, Reinbek

Schott (Hrsg) (2009) Baedeker Reiseführer Schott. Baedeker/Mairdumont, Ostfildern

Sojka, Dirk, Sojka, Ralf, Klug, Sonja Ulrike (2019) Abenteuer Unternehmenskauf im Mittelstand. Finanzierung regeln – Herausforderungen meistern – Betrieb optimieren. Springer Fachmedien, Wiesbaden

Weber-Brosamer, Bernhard et al (2006) Haniel 1756–2006. Eine Chronik in Daten und Fakten. Franz Haniel & Cie GmbH, Duisburg